人事ガチャの秘密

配属・異動・昇進のからくり

藤井 薫
パーソル総合研究所 上席主任研究員

788
中公新書ラクレ

まえがき――御社の人事はブラックボックス？

近頃、若い皆さんの間で「配属ガチャ」「上司ガチャ」という言葉がささやかれているようです。これはよくご存じの通り、主に新入社員が入社後どの部署に配属されるかで、その後のビジネス人生が大きく左右されてしまう様子を言い表した流行語です。ある種の不条理感を持っているところが、ソーシャルゲームのガチャを連想させるのでしょう。

この本のタイトルは『人事ガチャの秘密――配属・異動・昇進のからくり』というものです。新入社員として配属された後も、会社勤めを続ける以上、ビジネス人生には人事異動がつきまといます。一口に人事異動といっても、仕事内容はあまり変わらずに別の部署に移るものから、これまでとまったく違う職種に変わるものまでさまざまです。国内外への転居を伴うものもあります。管理職への昇進、あるいは降格も人事異動の一種です。

これらはどのようにして決まるのでしょう。そして、そもそも人事異動は実際のところ、運任せのガチャなのでしょうか?

筆者はこの3年間、人事異動をテーマに大手企業の人事部長または人事企画/人事異動担当の人事部管理職の方々にヒアリング調査を行ってきました。その数は延べ86社に及びます。なぜこの調査テーマを選んだのかというと、人事異動こそが人事の一丁目一番地だからです。『広辞苑』で「人事」を引いてみると「①人間に関する事柄。人間社会に現れる事件」から始まり、「④人事異動の略」とあるように、最も狭義の人事とは異動配置のことです。また、新聞で人事欄といえば、会社幹部の人事異動情報の掲載欄を指します。つまり、人事異動こそが〝ザ・人事〟なのです。

会社の中でも人事異動の決め方やその全体像を知る人は、経営陣と人事部の中枢メンバーなど、ごく一部の人に限られています。筆者の3年間の一連の調査は、「社名とコメントを紐付けない」ことを条件に、異動配置に関する会社のホンネと運用実態を伺ったものです。

皆さんからすると、配属や人事異動は運任せのガチャに見えるかもしれませんが、人事を行う側の会社は当然それなりの理由や意図をもって行っています。調査の結果、人事異動の考え方ややり方には、会社によっていくつかのパターンがあることがわかりました。また、同じ会社であっても、対象者によって人事異動の考え方ややり方が使い分けられています。

さてここで、本書の構成について、ご紹介しておきます。本書は主な読者対象として、就活生〜入社10年目くらいまでの若手・中堅社員を想定しています。もちろん、課長や部長などの管理職にとっても、また人事担当者にとっても、人事異動＝〝ザ・人事〟の全体像をつかむための参考書になるはずです。

1章「御社の異動はどのタイプ？」〜2章「御社の人事部は何してる？」は、若手・中堅の異動配置と、そこに人事部がどう関わっているかを解説しています。

3〜6章は「人事のからくり」と銘打って、順に「目配りされないミドルパフォーマー」「管理職になれる人、なれない人、なりたくない人」「将来の役員候補　ハイポテンシャル人材の世界」「キャリア形成の鍵・タレントマネジメント入門」を扱います。各職場の中堅やベテラン、管理職からシニアまで、いろいろな人たちの異動配置の話が出てきます。これらは若手・中堅の皆さんだけでなく、それぞれの年代に当たる当事者の皆さんにも、自らの将来のキャリアを考えるうえで、貴重な羅針盤になると思います。

7章「人事ガチャに戸惑うあなたに贈るQ＆A」は、ちょっと趣向を変えてQ＆A形式でお届けします。若手・中堅の皆さんの具体的な悩み事を紹介しつつ、それまでの章の知見をふまえたアドバイスを送る構成です。

8章「これでよいのか？　ニッポンの人事異動」は、人事部や経営者の皆さんに向けて、今後の課題をまとめました。筆者がふだん情報交換やディスカッションをさせていただいている方々ではありますが、皆さんの会社の適材適所・適所適材の実現に向けて、あらためて一読いただきたいと思っています。

人事異動は必ずしも運だけで決まるガチャではありません。自社の「人事異動＝ザ・人事」のパターンをしっかりと見極めて、キャリアを考える皆さんに何らかのヒントをつかんでいただきたいと思います。早速、本書を通じて、一見ブラックボックスのように思われる〝人事ガチャ〟のヒミツをひもといていきましょう。

目次

図表作成／明昌堂
本文ＤＴＰ／今井明子

1章　御社の異動はどのタイプ？

――若手社員の配属・育成のヒミツ

1章では、まず皆さんが新卒社員として初めて配属されてから30代前半の中堅クラスになるまでの10年間を見てみましょう。若手社員の人事異動配置は、業種や会社による特徴が比較的はっきり表れます。「10年間で必ず3部署経験させる」という会社から「原則として異動なし」という会社までさまざまですが、どのようなパターンがあるのでしょうか。そして、その違いはどこから来るのでしょうか。ヒミツを探っていきましょう。

配属ガチャをどう受け止めるか

会社に入って最初に経験する「人事」を「初期配属」と呼びます。新入社員はたいてい入社直後に社会人としてのイロハを学ぶ「導入研修」を経験するものですが、それが済めばどこかの部署に配属されます。おそらく皆さんも配属辞令を受け取る時には、かなりドキドキしていたのではないでしょうか。「よし、ラッキー！」と思った人もいれば、希望が叶わずまさに「配属ガチャ」だと落胆した人もいることでしょう。

この初期配属をどう受け止めればよいのでしょう。最初の配属はまさに最初の配属にすぎず、いずれ他の仕事に異動するのでそれほど気にする必要はないのでしょうか？　それとも、今の会社におけるビジネスキャリアの可能性を大きく制約することになるのでしょうか？

実はその答えは、ひとつではありません。何しろ3年ごとに必ず異なる仕事に異動させる会社もあれば、基本的に異動がない会社もあるのですから。はたまた会社の事業内容を理解してもらおうということで、新入社員は一旦《いったん》全員を営業に配属するという会社もあります。

この本を手に取っている皆さんの多くは、「総合職」として入社している人だろうと思います。多くの会社で、総合職はたいてい職種を限定せずに採用され、入社後さまざまな仕事を経験するものと位置付けられています。ところが**総合職は本当にさまざまな仕事を経験するのかというと、そうでもない**のです。一口に総合職といっても、会社の方針によって違いがあります。

総合職とは何なのか？

総合職にはいろいろな定義の仕方がありますが、典型的には①将来の管理職候補である、②非定型な企画判断業務や折衝業務を担当する、③職種転換があり得る、④転勤や出向を含む異動があり得る、⑤一般職よりも高額な給与が設定されている、といったところです。

実態としては、この典型的な総合職像に対して、いくつかのバリエーションがあります。

それも制度的なバリエーションと運用上のバリエーションがあります。それでは上記の5項目の当否を検証しながら、総合職とは何かについて探っていきましょう。

①総合職は将来の管理職候補か

ざっくり答えればYESです。たいていはいきなり経営幹部候補ということでもないでしょうから、ほとんどの人に現実的な線として期待されているのは、**しっかりとした専門分野とマネジメント能力を持つ課長候補であること**です。たいていは課長になるまでに10年以上かかる場合が多いので、まずは何らかの専門分野で一人前の戦力になることが期待されています。

総合職という名前から想起されるように、ジェネラリストを目指してほしいと期待する会社もありますが、それは少数です。**総合職といえども実際は、まず何らかの専門分野のプロになることを期待して異動配置運用する会社がほとんど**なのです。

②非定型な企画判断業務や折衝業務を担当するのか

YESです。非定型業務とは、やり方が決まっているルーティンではなくその都度変化する状況への対応が求められる仕事のことを言います。もちろん、最初は定型業務から仕事を覚えていくという時期はあります。ただ、あくまで仕事を覚えるためのステップです。異動配置以前の問題として、今所属している部署で誰にどんな仕事を割り当てるかはその部署の管理職に委ねられています。ベテランの人数が多く専門的な業務を独占している、管理職がメンバーの育成に目配りできていないといった状況があって、もし皆さんがいつまでたっても定型業務を中心に担当している場合は、何らかのキャリア上のアクションを考えたほうがいいかもしれません。

③職種転換があるのか

この部分は、制度・運用の両面でバリエーションが増えています。

新卒の職種別採用を行う会社は珍しくありません。財務部やXX事業部というように配属先を約束するもの、マーケティングや研究開発というように職種を約束するものなどが採用コースとして設定されているパターンです。この場合、基本的には職種転換はなさそうです。「職種別採用はそもそも総合職ではないのでは？」と疑問に思われるかもしれませんが、雇用契約上は職種を限定しているわけではなく、総合職として採用していることが多いようです。裏返せば、絶対に職種転換がないわけではないとも言えます。

運用面を見ていきましょう。最近は配属先にこだわる新卒応募者が増えているという事情に対応し、内定時に配属先を約束するケースが見られます。また、財務や法務はある程度専門知識がある人を採用したいという企業側のニーズがあって、実質的な職種別採用になっているケースもあります。

また、技術系については、学生時代の専攻分野が特定の仕事に結びついている場合には、総合職といっても、自ずと職種別採用的な運用になっている場合があると言えます。

④転勤や出向を含む異動があるのか

転勤については、総合職であっても勤務地を限定できる制度を導入している会社があります。海外を含む全国転勤があるコース、転勤が特定エリア内に限定されるコース、転居を伴う異動がないコースといった具合です。

かつては、勤務地限定の総合職は全国転勤ありの総合職よりも給与が低かったり、課長止まりといった昇進上限があったりするのが普通でしたが、最近ではそうではない会社も出てきています。中には全国転勤コースから転勤なしコースへ、転勤なしから全国転勤へというように、個人希望で勤務地コースを半年ごとに選択できるという会社もあります。

近年、介護、育児、共働きなどへの配慮のあり方が問われており、総合職といえども会社から一方的に転勤を命令されるばかりではなくなってきています。

⑤一般職よりも給与が高額

定型業務を担当する一般職を廃止し、全員総合職化する会社も増えています。労働力人口が減少して人材不足が懸念される中、企業は定型業務や一般事務を外部委託するアウトソーシングや、ソフトウェアロボット技術で自動化するRPA（ロボティック・プロセス・オートメーション）の導入などを進めています。

つまりこれは、社員は全員、定型業務ではなく、より付加価値が高い企画判断業務や折衝業務を担当してほしいという経営者からのメッセージなのです。必ずしも多くの人がさまざまな職種を経験するわけではないという現実からすると、**総合職に期待されているのは、担当する仕事の種類の多さではなく、付加価値が高い仕事を行うことであり、それゆえ給与が高い**と考えたほうがよさそうです。

会社に明確な異動配置方針はあるか？

さて、異動配置方針の話に戻ります。

人事部は一人ひとりの適性をしっかりと見て配属を決め、その後のローテーションも各々の成長を考えて計画的に行ってくれる——少なくとも新入社員の皆さんは、そう期待していることでしょう。一方で、中堅社員の皆さんは「うちの会社の人事異動は場当たり的だ」と不満を感じている人も多いようです。もしかすると、こうした感想はあながち間違っていないかもしれません。

筆者が大手企業31社の人事部長や人事企画・人事異動担当管理職に一般社員層の人事異動配置についてヒアリング調査を行ったところ、わが社には「明確な方針がある」と回答した企業は7社で、約2割にすぎませんでした。「どちらかといえばある」という企業を加えると6割近くになりますが、**明確な方針があると言い切れる企業は少数派**です。

明確な方針があると言い切れない企業が多いことには、3つの側面があります。ひとつ目は、年代層に関することです。2つ目は、人事部の守備範囲に関することです。そして、3つ目はそもそも方針とは何かということです。順に見ていきましょう。

まず、ひとつ目の年代層に関してです。「明確な方針がある」という企業に「若手と中堅、ベテランでは異動配置方針が異なると思いますが、どうでしょう？」と尋ねると、たいてい「若手には方針があるけれど、中堅以上は個別対応です」とか、「そう言われると中堅やベテラン向けの異動配置方針ははっきりしたものがないかもしれませんね……」と言うような回答です。一方、明確な方針があるとは言えないという企業に理由を尋ねても、「若手に対する方針しかないので……」という回答が返ってきます。つまり、企業の実態としては、**若手については何らかの方針があるものの、中堅・ベテランは個別対応の会社が多い**ということなのです。中堅・ベテランの異動配置などについては第3章〜6章で後述しますので、本章では若手社員について話を進めていきましょう。

2つ目の人事部の守備範囲ですが、大手企業では人事部は新卒の初期配属と管理職の異動配置を担当しており、それ以外の異動配置は各部門（本部や△△事業部など）に任せているという企業が多く見られます。**人事部といっても必ずしも人事権のすべてを握っているわけではありません。むしろ、各部門が人事権を持っている会社のほうが一般的です。**人事部と各部門の役割分担がどうなっているか、どちらに人事権があるかで異動配置のやり方が大きく変わります。この人事権のあり方は異動配置パターンを左右する重要なポイントですので、

2章で詳しく説明します。

3つ目は、そもそも何を「方針」と考えているかが、会社によってさまざまだということです。

うちの会社の方針はあいまいだ⁉

会社が掲げる異動配置方針とはどのようなものなのでしょうか。皆さんが人事部から説明されている方針は、次のようなものではありませんか？

たとえば、「適材適所」「戦略事業への人材シフト」などのような異動配置の目的。または、「10年で3部署」などのような人事異動の時期や回数。あるいは、「本人希望重視」「会社主導」などのような方法論。そのほか、「個別対応」「原則、異動は行わない」などという会社もあります。

国語辞書を引くと、方針とは「目指す方向」ということですから、これでもよいのかもしれませんが、もっと具体的なことを知りたい皆さんにとっては、これでは今後の自分の異動配置がどのようになるのかさっぱりわからないでしょう。日頃、人事部の方々にアドバイスをしている筆者の立場からすると、少なくとも、「専門領域の拡大と継続的な能力開発のために、原則として5年に一度、本人希望を重視しつつ、職種転換を含むキャリア開発異動を行う」というくらいのことは伝えてほしいものです。おそらく、それでも「よくわからないよ」と言われてしまいそうです。

多くの場合、方針は、最も重要だと考えている原則的な考え方を示すものです。皆さんがあいまいに感じる方針しか示せない人事部を少しだけ擁護すると、**現実には、すべての人に当てはまる方針はほとんどない**と言ってもよいからです。「本人希望重視を掲げているが、当然全員にそうできるわけじゃない。時には、無理やり説き伏せて異動してもらうこともあるし……」というように、会社は、対象者によって、あるいは時と場合によって複数の方針を使い分けています。

でも皆さんからすれば、自分に適用される方針を知りたいですよね。全員には当てはまらないにしても、20代の若手には当てはまる、もっと細かく見ていくと、「各部門に人事権がある会社のうち20代若手社員で人事評価成績が標準のレベルの人には当てはまる……」というように条件を絞り込んでいくと、皆さんの会社の異動配置のパターンと、ご自身にそれが適用される確率を推し量ることができるようになってきます。それは、きっと皆さんの先々のキャリアを検討する材料になるはずです。

異動配置のパターンは代表的なものを数えても、6通りあります。「**10年間3部署・ジェネラリスト育成型**」「**10年間3部署・専門職育成型**」「**初期配属部署固定型**」「**幅出しローテーション個別対応型**」「**ポジションニーズ優先型**」「**手挙げチャレンジ型**」です。では、これらの異動配置パターンを見ていきましょう。あなたの会社の基本的なパターンはどれか、さらには、あなたに適用されそうなものはどれかを考えながら読んでみるといいですね。

「10年間で3部署」を掲げる会社が3分の1

さて、企業の異動配置方針としては、「10年間で3部署経験させる」という回答が最も多く、全体の3分の1を占めました。10年間で3部署というと、さまざまな仕事を経験させる「ジェネラリスト育成型」のローテーションをイメージするかもしれませんが、必ずしもそうではありません。実際には、担当職種を変えずに10年間に3部署異動させる会社（このタイプを「専門職育成型」と言います）のほうが多いのです。このように、一口に「10年間で3部署経験」といっても、ジェネラリスト育成型と専門職育成型に分かれます。両者は似て非なるものです。

また、会社に勤めている間、ずっと10年間で3部署のペースで異動を繰り返していくわけでもありません。たいていの場合、これは新卒入社からの最初の10年くらいに適用されるもので、それ以降はまた別の話です。職務経験がない新卒を採用するわけですから、どの会社も最初のうちは「育成」を意識して異動配置を行います。一人前になった後は、また別のやり方になるというわけです。

ここで、ジェネラリスト育成型と専門職育成型について、それぞれ特徴を確認しておきましょう。

「10年間3部署・ジェネラリスト育成型」

「入社後10年間は育成期間と位置付けていて、3つの部署を経験させている。人それぞれ数字には強いけれど対人折衝は苦手など、得手不得手があるだろうが、各人の適性を見極めるために財務、営業、人事など、出向や海外勤務も含めて、あえて3部署とも種類が異なる仕事を経験させている。眠っている能力が出てくるかもしれない。ある部署で高評価でも、最初の10年間は『経験をさせる』を優先していて、例外なく異動対象にしている」

（財閥系企業人事部）

このように、10年という長い時間をかけて一人ひとりの適性を見極めて、ジェネラリストを育てようという考え方です。どんな人でも初めての仕事に異動すると、当初は新しい仕事に必要な知識を身に付けたり、やり方を覚えたりする時間が必要ですから、これまでの慣れた仕事に比べると一時的には生産性が低下します。そのコストを異動の都度、会社が負担するということです。

これは最も贅沢な異動配置方針と言えるかもしれません。そのためか、ジェネラリスト育成型のローテーションを行う会社は多くありません。たいていの場合、従業員規模、業績規模の割に総合職の採用数が極めて少ない会社です。総合職の数が絞られているので、一人ひとりにさまざまな経験を積ませることができるとも言えます。このような会社はじっくりと人を見るので、昇進スピードはあまり早くなかったりもしますが、総合職は全員、将来は少なくともグループ会社の役員として活躍することが期待されていたりもします。

「10年間3部署・専門職育成型」

「最初の10年間は基本的に職種を変えずに、勤務地を1～2回、多い人で3回ほど変更する。地域によって仕事のやり方に違いがあり、転勤を通じていろいろなマネジメントや顧客ニーズを経験することが育成につながると考えている」

（建設業人事部）

「新卒は必ず4年目にローテーションする。優秀者は3年経つと自信がついてくるので、その鼻っ柱を折るという意味もあって、4年目は変え時という感覚。職種は変えずに事業部門を変えるかたちになる」

（IT企業人事部）

10年間で3部署経験といっても、こちらの専門職育成型のほうが一般的です。典型的には、職種は変えずに、担当商品や顧客、勤務地などを変えるというやり方です。これを「**幅出し**」**のローテーション**といいます。その仕事のプロとして通用するように、経験の幅を広げるための人事異動ということです。この幅出しのローテーションを計画的に、あるサイクルで行う会社と、個別対応で行う会社があるということです。後者を「**幅出しローテーション個別対応型**」と名付けておきます。この個別対応型の場合は、人によってタイミングが異なるので場当たり的に感じる人もいるかもしれません。

原則として異動なしの会社

皆さんの中に、入社して配属されたら、その後は基本的に異動がないという会社にお勤めの方はいないでしょうか。そういう会社も実際にあって、総合職扱いなのに異動がない人たちがいるのです。このパターンを「**初期配属部署固定型**」と名付けておきます。

技術系では、会社の中でその専門分野を活かす職場が特定の部署に限られている場合です。事務系では、事業専業度、顧客密着度が高い営業会社にその傾向が見られます。

「社員の大半が営業職で各販売拠点に配属される。原則は、営業職で採用され販売拠点に配属されると、ずっとその拠点で営業を担当する。顧客との長期にわたる絆づくりを重視しているので、基本的に異動させないという方針。その拠点で人脈を分厚くしていくほうが成果を挙げやすいし、顧客からの要望もある」（建設業人事部）

このタイプの企業では、営業適性がなければ「営業から外す」ということで顧客対応の最前線から後方支援の部門へ異動。経営幹部候補として採用時にフラグを立てていた人材については、ある程度営業を経験させたうえで「本社に引き上げる」という異動パターンが見られます。人事部も異動配置によって社員のキャリアを作っていくというより、報酬面でのインセンティブで成果に報いていくという志向が強いようです。

もちろん、同じように事業専業度、顧客密着度が高い営業職でも、ローテーションを基本とする会社もあります。たとえば金融系です。小規模な拠点から、中規模拠点、大規模拠点へと異動していくパターンです。かつては不正防止の観点から金融系は定期的に異動を行うと言われていましたが、不正防止という意味ではシステム面での対策も進んでおり、もはや必ずしも異動が不可欠というわけでもないようです。これは、いわゆる「幅出し」のローテーションであり、異なる顧客やエリア、社内環境などを経験することで営業職としての対応能力を拡げようということです。

まだまだある異動パターン

ここまで、若手社員の3つの異動配置パターンを見てきました。計画的に異動を行う「10年間3部署・ジェネラリスト育成型」「10年間3部署・専門職育成型」、そして原則として異動がない「初期配属部署固定型」です。

バリエーションはこれだけではありません。代表的なものだけで6パターンあります。10年間3部署方針の会社は全体の3分の1、初期配属固定型も比較的少数ですから、それ以外のパターンのほうが多いわけです。実態としては、異動タイミングを予測しにくい「幅出しローテーション個別対応型」と「ポジションニーズ優先型」とも言うべきものがかなりの割合を占め、最近では「手挙げチャレンジ型」も増えてきています。

それでは、それら3つのパターンを説明しましょう。

「幅出しローテーション個別対応型」

職種を軸に育成を行っていくという意味では「10年間3部署・専門職育成型」と同じですが、基本的に10年間で3部署などといった定期的なローテーションがあるわけではなく、異動の有無やタイミングを職種別や個人別に決めます。「10年間3部署型」よりも、各部門のニーズに即した運用ができるので、若手育成の異動パターンとして多用されるものです。このパターンから育成観点が弱くなってくると、次の「ポジションニーズ優先型」と区別がつきにくくなります。

「ポジションニーズ優先型」

どこかポジションが空いた場合に初めて異動を検討するタイプです。つまり、ポジションが埋まっていて現職メンバーが戦力として機能している場合には異動を行いません。逆に、ポジションの空きがあったり、現所属で適性面などでのミスマッチが見られる場合には、職種転換も含めてさまざまな異動が行われます。異動タイミングはポジションの空きと適合度次第です。中には、組織改編が頻繁にあるために、ほとんどの異動がポジションニーズ優先型になってしまう会社も散見されます。皆さんからは場当たり的と見られがちなパターンです。

「手挙げチャレンジ型」

会社主導の人事異動ではなく、個人の希望を重視した異動配置を行っていこうとするものです。社内公募制度やフリーエージェント（FA）制度を活用するパターンです。手挙げの異動は3章で詳しく説明します。

誰がいつ判断しているのか？

このように、異動配置方針にはさまざまなパターンがあることを確認してきました。それでは、なぜこのような違いが生まれるのでしょうか？

「ポジションニーズ優先型」は文字通り、このポジションに相応しいのは誰かという「ポジション起点」で異動配置を考えていますが、ほかのパターンはいずれも人材育成観点を重視しています。新卒から始まる若手の異動配置については育成観点を外せません。そして、育成観点重視であっても、社員一人ひとりの職務適性を「誰が」判断するのか、そして、「いつ」判断するのかによってパターンが分かれます。それぞれの会社の人材観の違いを反映す

図表1　新入社員の適性を誰がいつ判断するか？

誰が判断するのか／いつ判断するのか	入社時や初期配属前	複数部署／職種経験後
会　社 （人事部門や上司）	②新卒採用・ 導入研修での 適性判断・職種区分	①10年間３部署など 定期ローテーション
本　人	③職種別採用 技術系採用	④社内公募・ FA制度など 手挙げ異動

出所）　パーソル総合研究所「非管理職層の異動配置に関する実態調査（2021）」　※以下、「一般社員の異動配置調査」

ると言ってよいかもしれません。

図表1をご覧ください。縦軸は誰が判断するか、横軸はいつ判断するかです。

①会社が時間をかけて適性判断するタイプ

典型的には「10年間３部署・ジェネラリスト育成型」です。適性判断の主体は会社で、10年間という長い年月をかけて、さまざまな仕事を経験させながら、一人ひとりの適性を見極めていきます。仮に初期配属部門で適性ありと見なされても、そこで答えは出さず、ほかの仕事もやらせてみるという考え方です。

もうひとつの特徴としては、人の目で人物を見ることを重視するところです。長期間にわたる人事異動を通じて、複数の上司の目でじっくりと人物を観察します。

②会社が早い時点で適性判断するタイプ

実際上、最も多いタイプです。採用選考や新入社員研修での情報をもとに企画系や営業系などいくつかの職種系統に分け、配属後も基本的にその職種系統の範囲内で異動配置を行います。異動配置パターンとしては「10年間3部署・専門職育成型」の会社もあれば、「初期配属部署固定型」や「幅出しローテーション個別対応型」「ポジションニーズ優先型」の場合もあります。

「配置方針は、営業向き、管理部門向き、営業・管理部門どちらでも可の3通りで、人事部門の判断に本人希望を加味して決めている。初期配属はおおむね営業部門6割、管理部門4割。管理部門に配属した社員のうち約半数は4年目くらいに営業部門へ配置転換を行う」

（卸売業人事部）

「入社1～3年の若手については、各事業部門の人事担当が個別面談を行って育成方針を決め、営業系と管理系に色分けしていく。事務系総合職の新卒採用は半数以上が営業現場に配属され引き続き営業を担当する人が多い。営業系はさまざまなチャネルなどを経験させ、適性を見極めていく。管理系では法務や財務などは本人に通知せずに緩やかにフラグ付けをして、部門内ローテーションで育成する」

（食品メーカー人事部）

③本人が早い段階で適性判断するタイプ

①と対極のやり方です。たとえば職種別採用は、基本的に入社時点で入社後の育成・活用範囲が決まっています。それを望んだのは本人です。会社が必要とする職種ニーズに対してそれに応募者がコミットするかたちです。あるいは、本人希望として入社後の仕事を特定し、それを会社も受け入れるというかたちと言ってもよいでしょう。

職種別採用のように公式な仕組みになっていなくても、実質的にそれに近いかたちで行われているものもあります。既に触れましたが、専攻分野が職種や担当部署と密接に結びついている技術系採用もそうですし、実質的に配属を約束されたうえで入社する財務系や法務系の人たちも同様のタイプと見てよいでしょう。いずれもご本人があらかじめその分野を選択しているということです。

④本人が時間をかけて適性判断するタイプ

社内公募やＦＡ制度など、本人意思を尊重した手挙げの人事異動環境が整っているタイプです。異動配置を手挙げ中心で行う会社はまだ珍しいと言えますが、社内公募を本格的に取り入れていきたいという会社がだんだんと増えてきています。

「社内公募は年2回実施しており、年間で70～80ポジションの募集がある。役職者、出向者、海外駐在員は対象外としているが、応募条件は入社5年以上かつ現在の業務を1年以上継続していることくらいで、上司を通さずに直接応募できる。合格した場合は、現所属長が異動を拒否することはできない」（製造業人事部）

このように、誰がいつ職務適性を判断するかによって、基本的な異動配置方針が変わってきます。はたして御社はどのタイプでしょうか？

会社は異動配置方針を使い分けている

全体としては、②の「会社が早い時点で適性判断するタイプ」の企業が多いのですが、実は、**会社は全員に対して一律に同じ異動配置方針を適用しているわけではありません。**皆さんの異動と、同期入社の友人の異動とでは、方針が違っているかもしれないのです。これはどういうことでしょうか。

典型例は、次のようなものです。

たとえば、事務系の社員は新入社員研修中に営業系、マーケティング系、管理系に分けて各事業分野に配属し、配属後は基本的にそれぞれの職種系統で事業部ごとに「幅出しローテーション個別対応型」で育成します。ただし、採用選考時に目をつけていた一部の人材については、ポテンシャルを見極めるため、全社横串の「10年間3部署・ジェネラリスト育成型」ローテーションパターンに乗せます。また、たとえば専門性の強い財務部や法務部への配属については、それぞれの分野をしっかり勉強した学生を採用し、実質的に「職種別採用」扱いにしたりします。

そして技術系は、もともと各事業部の技術ニーズに合わせた各専攻分野の学生をターゲットに採用しており、その時点で配属先がほぼ想定されています。研究所に配属するような人材は別扱いで、研究所に採用や処遇に関する大幅な裁量権を与えている会社もあります。また、IT系人材は各社とも不足感が強く、増強を図っています。事務系も含めて学生時代の専攻によらず、適性がありそうな人材はIT系に配属し、通用しそうな限りIT人材として育成していくという流れです。

このように、同じ会社であっても、実際には人によって方針が使い分けられています。どれかひとつのやり方で会社と社員のさまざまなニーズを満たすことができるわけではないので、方針を組み合わせるわけです。

それでも、思惑が外れることがあります。マーケティング向きの人材だと思って配属したけれど、担当させてみるとそうではないようだ、財務をやりたいということで採用し配属したけれど現在の本人の関心は営業に移ってきたようだ……などということも、起こり得ることです。そこで、軌道修正用に④の手挙げ異動の選択肢が用意されていたりするわけです。

キャリア採用の場合

ここまでは新卒入社組を中心に話を進めてきましたが、若手で転職してきた社員に対して、会社はどのように異動配置をしているでしょうか。いわゆる「キャリア採用」（中途採用）に関するヒミツを簡単に見ておきましょう。キャリア意識が高い若手の皆さんの中には、転職を見据えている方も少なくないと思いますので、実際に行動に移す前に知っておくべき事情について解説します。

昨今、中途採用を「キャリア採用」と呼ぶことが増えています。文字通り、これまでのキャリア、つまり職務経歴を重視した採用ということです。「第2新卒」は卒業後3年以内の求職者を指すことが多く、入社後も新卒に準じて扱われるわけですが、キャリア採用は違います。たいていは、これまでの経験を活かして同じ種類の仕事の即戦力になることを期待して採用するわけです。つまり、**新卒入社4年目以降の人は、基本的に転職した時点で今後の職種がある程度固定される可能性が高くなります。**営業の人が転職すると営業の即戦力になることを期待される、人事の人が転職すると人事の即戦力であることを期待されるというわけです。転職する際には、この点を十分に意識する必要があります。

話を元に戻しますが、転職と違って、社内の人事異動はこれまでまったく経験したことのない仕事に変わることがあります。たとえば、営業職の経験しかない人が人事職の中途採用に応募しても合格する可能性は低いかもしれませんが、社内の人事異動であればそのような配置もありえます。職種をまたぐ人事異動をあまり行わない会社でも、社内公募や自己申告制度を利用して、未経験職種にチャレンジすることが可能です。もともと、そのような手挙げの制度を導入する意図としては、会社が思いつかない異動候補者、意外な人材を発掘したいという狙いがあるわけです。

未経験の職種に変わると、誰しも異動後しばらくはこれまでの慣れていた仕事に比べると生産性が低下します。営業部から人事部に異動すると、自社の事業や風土に関する知識やこれまでの人脈、営業時代に培った対人能力などはそのまま継続して活かされるでしょうが、人事関連の専門知識を身に付けるまでには、それなりの時間を要するはずです。たとえば、いかに企画力に優れた人であっても、人事の専門知識なしには人事制度の企画はできません。

つまり、経験のない職種への異動は、それぞれの仕事に固有の知識やスキルを身に付けるまでの時間、すなわち職種転換の教育コストを会社が負担するということなのです。これまでの仕事と異なる職種を経験したい人は、転職を検討する前に、社内に自分がやりたい仕事がないか、その仕事に異動するための社内公募などの機会がどれくらいあるか、その機会を最大限活用するにはどうすればよいかを確認してみましょう。

なぜ会社は人事異動を行うのか？

今更ではありますが、そもそも会社はなぜ人事異動を行うのでしょうか。会社が人事異動を行うのはいくつかの理由があります。

理由① 要員確保・要員適正化

社内各部門のそれぞれの仕事を行うために必要な質と量の人材を確保するためです。たとえば、新たに部門や拠点を設ければ、そこに人材を配置する必要が生じます。また、既存の組織でも質的・量的に人材が足りない部門もあれば、過剰な部門もあるかもしれません。そうすると部門間の人員の過不足を調整する必要があります。採用を行っても社員の絶対数が足りなければ、部門や仕事に優先順位をつけて配置することも必要になってきます。

これが人事異動を行う第一の理由です。すなわち、先ほどの人事異動パターンで言うと、実は「ポジションニーズ優先型」が最も根源的な異動配置のかたちなのです。

理由② ミスマッチ解消

中には、現在の所属部署で低評価が続いており、今の仕事や職場が合わないと思っている人もいるでしょう。これは会社にとっても社員にとっても好ましい状態ではありません。ミスマッチが明らかなのであれば、異動配置運用全体から見て、新たなマッチング先を探すことの優先度はかなり高いといえます。ネガティブな状態を解消しようとするのも、「ポジションニーズ優先型」の一種です。

理由③　不正防止

金銭的に大きな権限を持つポジションなどについては、不正防止の観点から一定の年数で担当者を変更することが内規で決まっていたりします。どの異動配置パターンであっても、このポジションに該当する場合は、定められた年数で異動対象になります。

理由④　マンネリ防止・組織活性化

同じ部署に長く在籍すると個人も組織もマンネリ化して、成長やイノベーションの妨げになると考える会社も多く、たとえば5年以上同一部署に在籍している人を異動対象にするというようなルールがある会社も珍しくありません。「10年間3部署・ジェネラリスト育成型」や「10年間3部署・専門職育成型」のように定期的に異動を行おうという会社は、根底にマンネリ防止の考え方があるといえます。

一方で、「初期配属固定型」のように、真逆の考え方をする会社もあります。異動は、少なくとも短期的には何らかのコストをともなうことも確かです。

理由⑤　個人事情対応

これは会社ニーズではありませんが、これまで以上に育児や介護、共働きをはじめとする個人事情による人事異動希望への配慮を行うべきだと考える会社が増えてきています。そもそもワークライフバランスや働き方への配慮なしには、要員確保・要員適正化ができない時代になっていると言ってよさそうです。今後は、幅広い個人事情対応を異動配置における当然の制約条件だと捉える流れになりそうです。

理由⑥　キャリア開発・能力開発

そして、皆さんの関心が高いキャリア開発、能力開発です。わが国の雇用慣行下では、よほどのことがない限り社員を解雇できません。本人が自分の意思で会社を辞める場合を除くと、新卒社員は定年再雇用を含めると40数年間、今後はさらに長期間同じ会社に勤める可能性があります。

最近ではジョブ型的な人事制度を導入する会社も増えており、長期間勤めたからといって年功的に給料が上がっていくわけではありませんが、新入社員からほとんど給料が上がらずに40数年間勤める会社も想像できません。やはり個人にとっても会社にとっても、社員一人ひとりが継続的に能力開発を続け、仕事の質を上げることによって高い処遇を得ていくことが健全であり、望ましい姿です。社員と会社がともに成長機会を増やすために異動配置を活用する必要があります。

これら人事異動を行う理由①～⑥は、おそらくすべての会社の人事部から「そんなことはわかっているよ」と言われそうな類いのものです。問題は、実際にキャリア開発・能力開発を考えた異動ができているかどうかです。「わかっている」と「できている」は異なります。異動配置の実態としては、とりあえず人事異動は要員確保・要員調整、ミスマッチ解消や不正防止、個人事情への対応を考えつつ、案を作って調整するだけで精一杯で、キャリア開発・能力開発を主な目的にした異動配置にまでは、なかなか手が回らないということなのです。

皆さんは、もうお気付きだと思います。ここまで、便宜的に異動配置のパターンをいくつかに分類して説明してきました。しかし、**現実の人事異動案は複数の目的を組み合わせて立案されます。**たとえば、もともとのきっかけは個人事情対応であっても、異動先の検討に当たって可能な限りキャリア開発要素を入れ込めないか、その空きポスト補充をミスマッチ解消に使えないかといった具合です。

とくに若手社員層では、異動配置におけるキャリア開発・能力開発要素が重要です。若手の皆さんからしたら、おそらく2～3年同じ部署にいて自身の成長を実感できないというのは、なんとも耐え難いことでしょう。会社側から見てもその感覚は不可欠です。**もし、成長実感を得られていなかったり、キャリアの方向性との不整合を感じていたりするようであれば、今の会社における将来展望や利用できる機会をシビアに見極めることが肝心です。**

若者の言い分は意外と通る？

今も職場での仕事に成長限界を感じているものの、社内公募制度どころか自己申告制度もないという場合、**黙って転職先を探す前に、あえて「わがままを言ってみる」**というやり方もあります。

ちなみに、年齢別の労務構成は会社の人事施策を大きく左右します。どこの会社も若手人材が不足しています。人事部の話を聞いていると、しばしば「うちの会社はワイングラス型なので……」という言葉が出てきます。中高齢層の人数が多く膨らんでいて、ある年齢以下が少なく、労務構成グラフのかたちがワイングラスのようだということです。労務構成としてはよくあるパターンで、定番の言い方になっています。もっと具体的にボルドー型とかブルゴーニュ型という言い方をする会社もあるくらいです。

新卒採用や定年退職、また、人間も生物ですから普通は加齢に伴う衰えなどもある以上、人事は完全にエイジフリーというわけにはいきません。

人事部だけでなく、各部門も経営陣も、会社はどこも「リテンション」を気にしています。リテンションとは、人材の離職防止のことです。本音でいうと、会社はすべての社員を引き留めたいと思っているわけではありません。対象は優秀者、少なくとも標準的な成果を上げて戦力として機能している人と若年者です。優秀者は当然として、なぜ若年者なのかというと、まず伸びしろがあるからです。さらに、誤解を恐れずに言えば、若年者は中高年よりコスパがいいからです。すなわち、今のわが国の人事処遇の実態からすると、中高年社員との比較では平均的には企業から見たコストパフォーマンスが高いのです。

そこで、どの会社もよほどの例外を除くと、若手社員には会社を辞めないでほしいと願っています。中高年社員が「働かないおじさん」などと十把一絡げに揶揄されている様子と比べると、その扱いには雲泥の差があります。

ということで、若手の皆さんの言い分に対しては、少なくとも一旦耳を傾けてみようという雰囲気があります。もちろん、誰が、なぜ、何を言っているかによりますし、すべての言い分が通るわけではありませんが、思い切って「こんな仕事がしたい」と真正面からアピールするのもひとつの方法です。少なくとも、何もやらずに諦めてしまうよりは、はるかにマシな選択です。**本気でやりたいことがあるのなら、臆せず発信してみる**ことをお勧めします。その時、誰に言うのがよいかは考えたほうがよいかもしれません。ぜひ2章を参考にしてください。

2章　御社の人事部は何してる？

――人事権のヒミツ

新卒で営業部に配属され4年目になる山田さんは、先日、課長に呼ばれて、「4月1日付けで営業管理部に異動してほしい」と言われました。山田さんは、「営業成績は標準以上だし、課長や同僚とも気が合う。異動希望を出したこともないのに、この異動、誰が決めたんだろうか？　同じ営業本部内だけど、内勤は嫌だなぁ。断れるのかなぁ……」と心中複雑です。

もしかすると、皆さんは人事部が全社の人事異動案を作って異動配置を決めていると思っていませんか？　また、異動命令を断ることはできないと信じ込んでいませんか？

2章では、誰が人事異動案を作っているのか、どのようなプロセスで決まっていくのかを見てみましょう。もし、皆さんが人事異動のことで交渉しようという時には、きっと参考になるはずです。

なお、3~5章でも都度、山田さんと同期の佐藤さんにご登場いただきますので、同期2人のキャリア形成物語にも、ぜひご注目ください。

人事ガチャのハズレ確率

一般社員の異動配置については、人事部へのヒアリング調査と同時に別途、Ｗｅｂアンケート調査（パーソル総合研究所「一般社員層における異動配置に関する定量調査」）も行っています。この調査は人事部だけでなく一般社員の皆さんにも回答いただいているものです。異動を命じられる側の社員は、会社主導の人事異動をどう捉えているのでしょうか？

会社指示での職種変更や事業部門変更を伴う異動に対して、「希望条件に合わなければ拒否する」「拒否できないのであれば退職や転職を検討する」という人が約２割です。条件なしで「会社指示なので従う」という人は４割強にすぎません。また、転居を伴う異動の場合は、拒否意向を持つ人が３割に増え、無条件に従う人は４割を下回ります。これは「人事異動を提示されたらどうするか」という仮定の質問への回答ですが、実際に会社主導の人事異動を経験した人はどう思っているのかを見てみましょう。

図表2を見てください。会社主導の人事異動経験者のうち「異動をポジティブに受け取っている人」は７割です。もう少し詳しく見てみると、「納得してポジティブに受け取っている人」が６割強、「納得していないがポジティブに受け取っている人」が１割弱です。さらに、「ネガティブに受け取っているが納得している人」を加えると74・５％になります。つまり、会社主導の人事異動であっても、４分の３の確率で、ポジティブに受け止めたり納得

図表2　異動に対する納得度×受け取り方

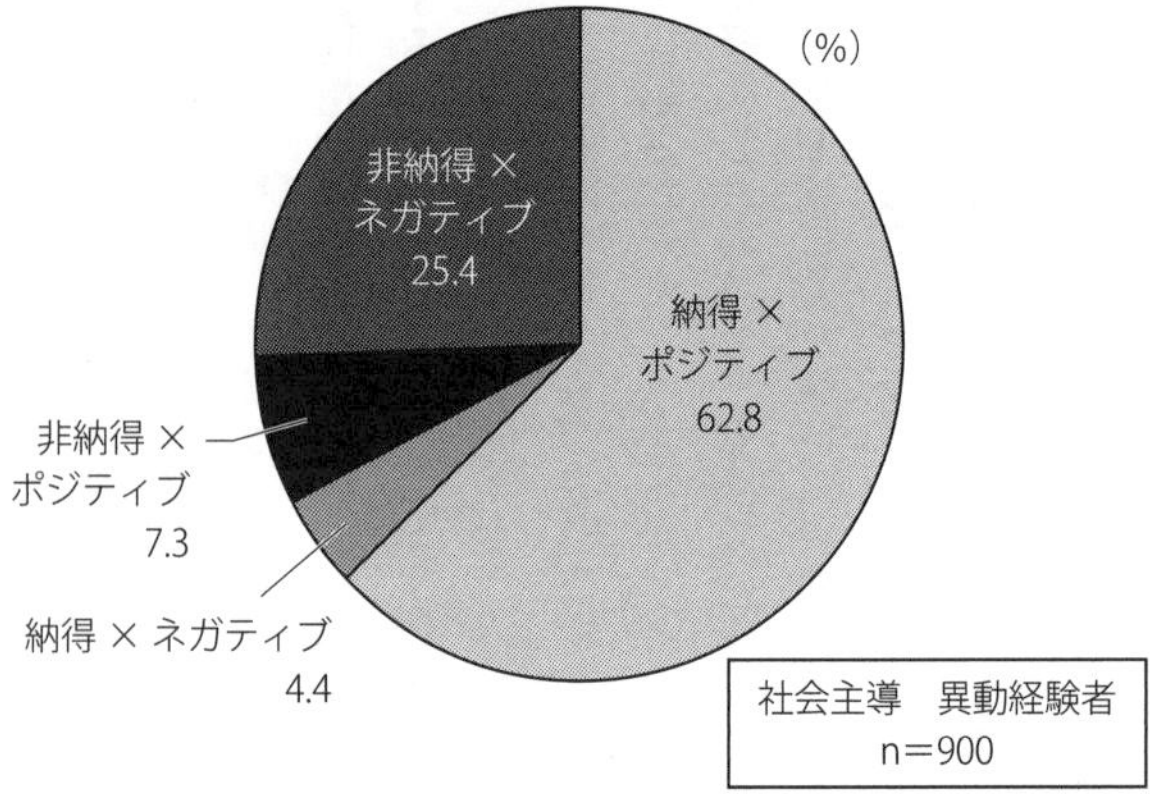

出所）パーソル総合研究所「一般社員層における異動配置に関する定量調査」

したりしているという結果です。

裏返せば、「納得できずネガティブに捉えている」人が25・4％ですから、決して少ない数とは言えません。社員側から見た「人事ガチャ」のハズレ確率は4分の1だということです。

最近ではエンゲージメント（仕事と組織に対する貢献意欲）やキャリア自律を重視する会社が増えており、異動についても対話を通じて理解・納得を得ようとするのが一般的なやり方です。とくに昨今の人事部はたいてい、「若い人の声を真摯に聴くべし」というスタンスです。

もちろん結果として皆さんの希望が通るかどうかは保証の限りではありませんが、少なくとも交渉の余地はありそうです。**ネガティブに捉えざるを得ない異動を提示された場合は、十分**

な説明を求め、自分のキャリアプランをもとに交渉しましょう。そのためにも、日頃から自分のキャリアについてしっかりと考えておくことが欠かせません。

ここから先は少し硬い話になりますが、いざという時のために、誰が異動案を作っているのか、どんな考え方やプロセスで異動が決まっていくのかを把握しておきましょう。

人事部は人事異動案を作らない

「一般社員は人事異動がどうやって決まるかを知らないので、『人事から赤紙が来る』という言われ方をすることがあるが、実際には課長以下の人事異動案は各事業部が作って、**事業部間の異動も事業部同士の調整で決まっている**」

（ＩＴ企業人事部）

これは一例ですが、典型例でもあります。ヒアリング調査（パーソル総合研究所「非管理職層の異動配置に関する実態調査（２０２１）」）で実態を調べてみると、次の図表３の通り、人事部が人事異動案を作る会社は全体で３割にすぎません。つまり、**大半の会社は各部門で人事異動を決めています。**規定上は人事部に権限があると定められていても、実際の運用としては、特別な問題がない限り、部門案をそのまま承認する会社も多いのです。

図表３は製造業と非製造業に分けて集計しています。ご覧の通り、製造業では人事部が異

図表３　人事異動案を作成するのは誰か？

	製造業	非製造業	合計
人事部門が人事異動案を作る	3社 20%	7社 44%	10社 32%
各部門が人事異動案を作り ほぼ各部門で完結する	12社 80%	9社 56%	21社 68%
合計	15社 100%	16社 100%	31社 100%

出所）「一般社員の異動配置調査」

動案を作る会社は2割にすぎず、非製造業のおよそ半分です。製造業と非製造業とでは人事部の守備範囲が異なる場合が多いのです（後ほど詳述します）。事業内容や職種の多様さと人事権の在りかとの関係がポイントになります。

なぜ人事部は人事異動案を作らないのでしょうか？

最もシンプルな答えは、各部門との分業になっているからです。課長以上の管理職の人事異動案は人事部が作り、一般社員層は各部門で作るというように階層別の分担になっている例が多く見られます。もっと大きな会社では人事部は部長以上を担当し、課長以下は各部門という会社もあります。一般社員と言っても、新入社員の配属についてはどこの会社も人事部が行いますが、これは会社に入ってからまだどこの部署にも所属していないので、各部門が人事権を持っていないからです。それに何しろこの時点では新入社員の情報を持っているのは人事部だけです。

昇進と昇格

その他、人事制度上の等級の昇格については人事部が主管し、役職昇進や異動配置については、ほぼ全面的に各部門が行うというパターンもあります。ちなみに、人事用語では、資格等級が上がることを「昇格」または「昇級」、役職が上がることを「昇進」と言います。たとえば、「資格等級Ｇ１からＧ２に昇格する」「課長から部長に昇進する」というように言葉を使い分けます。

では、なぜ分業するのでしょうか？　もちろんそのほうが効率的だからということもありますが、それ以上に、各部門で行うほうが効果的だからです。効率性というよりも効果性の観点なのです。

昇格や昇級は処遇の論理で決まります。能力や役割などに基づいて、社員それぞれの給与や肩書きなどの処遇をどう位置付けるかを決めるわけです。一般に、全社共通の人事制度の枠組みやルールを運用するかたちになるので、人事部が仕切るのです。

一方、昇進は本来、処遇ではなくビジネスの論理で決めるべきものです。「Ａさんを部長として処遇する」などという言い方がありますが、これを少し詳しく翻訳すると、「Ａさんの功績などを考慮して部長という役割と肩書を与え、部長としての給与を支払う」というような意味です。そもそも、部長というポジションは過去の功績のご褒美として与える論功行賞ではなく、ある仕事を行うための役割であり、その役割を遂行するに相応しい能力を持つ人を任命するというものです。昇進はご褒美ではありません。

論功行賞で昇進を行っていると、いわゆる「ピーターの法則」が当てはまる組織になってしまいます。ピーターの法則とは、係長の中で優秀な人が課長になり、課長の中で優秀な人が部長になるということを続けていると、課長になれずに係長に残っている人は係長として無能な人、部長になれずに課長に残っている人は課長として無能な人なので、管理職は無能な人だらけになるというものです。実際には、係長で優秀な人が全員課長になるわけではないのでピーターの法則がそのまま当てはまるとは言えませんが、一概に否定し切れないところもあります。この管理職の昇進の話は、4章で詳しく説明しています。

異動配置とは、この仕事を誰に担当してもらうかという仕事のアサイン（割り振り）の一種です。もしそれが、他部署の仕事であれば人事異動ですし、今よりも上の立場での仕事であれば昇進です。仕事のアサインは、基本的に各組織の管理職が行うべきマネジメント業務です。誰がどの仕事を担当すれば組織として最大限の成果を上げることができるのか。本章冒頭の例で言うと、山田さんを営業一課のまま置いておくほうがいいのか、それとも営業二課に移ってもらうほうがうまくいくのか……こういう問題は、人事部があれこれ口を出すよりも、営業一課と二課の具体的な仕事の状況、そして、山田さんと頻繁に接して能力などを把握している営業一課長と二課長、営業部長が判断したほうが的確な答えを出せそうです。それに、判断のスピードもずっと早いはずです。

　ちなみに、山田さんの場合は、営業本部の営業部から営業管理部への異動ですから、営業部長だけの判断ではなく、少なくとも営業管理部長と協議しているはずです。山田さんの営業成績は標準以上ということですから、営業部長や営業一課長が山田さんを放出しようとしているということではなさそうです。営業管理部長の要望かもしれませんし、営業本部長の意向かもしれませんね。どちらにしても、悪い話ではなさそうです。内勤は嫌だなどと言わずに、仕事の幅を拡げましょう。入社4年目ですから、異動はちょうどいいタイミングです。

　このように、営業本部内の異動であれば、必ずしも人事部が営業部と営業管理部の間に入って調整する必要もなさそうです。**現在進行形のビジネスの推進という意味では、現場に近いところで判断し、運用するほうが環境変化に素早く対応することができて効果的**だということなのです。そこで、ビジネスのアジリティ（機敏さ）を重視する会社は、異動配置の権限や運用を各部門に委ねていく傾向があります。

調査では非製造業よりも製造業のほうが各部門への分権化が進んでいるという結果でした。これは、製造業のほうが傘下に抱えている各事業の種類や性質のバリエーションが富んでいて、職種の数も多い傾向があるからでしょう。非製造業、たとえば、流通業や金融業は人数規模が大きくても、基本的に同一機能の拠点の数が多くなるだけという形態も多いので、比較的人事部が中央統制しやすいと言えます。

キーパーソンは直属上司

さて、一般社員層の異動配置は各部門で行う会社のほうが多いことがわかりました。では、各部門といっても具体的には誰が人事異動案を考えているのでしょうか?

本社の人事部とは別に各事業部にも人事の専門部署があるのでしょうか? 「部門人事」とか「事業部人事」などと呼びますが、そのような部署を設置している会社は多くありません。「一般社員層の異動配置調査」の調査対象は平均すると単体の正社員数7000人を超す規模でしたが、部門人事を置いている企業は4分の1ほどです。なかなかそこにまで人員を割けないというのが実態です。

中には「ＨＲＢＰ（ＨＲビジネスパートナー）」を配置している会社もあります。ＨＲＢＰとはその名の通り経営者や事業責任者のビジネスパートナーであり、事業戦略の推進における人材と組織に関する参謀役です。ＨＲＢＰを配置している会社は2割弱です。

大半の会社は事業部門に部門人事やＨＲＢＰのような人事の専門家を置いていません。では、各部門で実際に誰が異動配置業務を担当しているのかというと、たいていは管理部とか企画室などの組織です。これらは事業部門の計数管理や総務的事項の取りまとめが主な役割であることが多く、もろもろの仕事のひとつとして人事関連業務も担当している組織です。

では、その管理部や企画部は、事業部全体を見渡して人材の最適配置や育成を企画しているのでしょうか。正直なところそれは、疑問です。人事の専門性を持つ人材が管理部や企画部に配置されているほうが珍しいかもしれません。

「各本部で一般職層の人事異動案を作り、昇進昇格を伴わない異動は各本部の決裁で完結できる。基本的に人事部から各本部への再考は求めない。部門人事があるわけではなく、各本部の企画室が各部の要望などを取りまとめて人事案を作成しており、本部間異動も本部同士で調整している。社員のキャリア希望などは、年に一度、本人がシステムに登録するようになっていて、人事部も把握している。気になるコメントは各本部にフィードバッ

クしているが、それをどう生かすかは各本部の判断になる」（機械メーカー人事部）

少し極端なコメントに見えるかもしれませんが、決してそんなことはありません。実はこのパターンの会社が多いのです。このコメントにあるように、各部門に人事権がある会社では、**実際に人事異動を発案しているのは各部署の管理職、すなわち皆さんの上司であったり、そのまた上司です。**管理部や企画室は異動配置を自ら企画立案しているわけではなく、各部署から出てきた人事異動案を取りまとめて調整する存在なのです。

たいていの場合、皆さんの人事異動に大きな影響を与えるキーパーソンは、人事部でも所属している事業部の管理部でもなく、まずは直属上司の課長や部長だということになります。

頼りになるのは誰か？

「上司ガチャ」という言葉があるくらいですから、キーパーソンは直属上司ということで不安に感じた人もいるかもしれません。ただ、直属上司だけで人事異動を決める会社はほとんどありません。というより、少なくとも異動先の部署との調整や転出者の補充も必要になるので、単独では決めようがないのです。

直属上司のほかに皆さんのキャリアを左右する関係者としては、これまで名前を挙げてきた人事部や部門人事、ＨＲＢＰ、事業部門の管理部などがありますし、社内公募などの手挙げの異動やキャリアカウンセリングの仕組みがあったりもします。御社で、それらが頼りになるのかそうでないのか、見分けるポイントを整理しておきます。

①直属上司

直属上司が考える異動配置を単純に言うと、自部署にミスマッチだと思われる人は出したい、自分が知っている範囲の人で優秀そうな人には来てほしいということです。それ以外はあまり異動対象者として意識されることは少ないはずです。もし、あなたの上司が自部署の短期業績だけでなく、部下の中長期的キャリアにも関心を持って、その実現に向けて親身になって支援してくれる人であれば非常に幸運です。が、もちろん逆も真なり。その意味で、誰が上司か、これはやはり「上司ガチャ」と言えなくもありません。

上司個人の資質やスタンスの話ではなく仕組みの面から見てみると、皆さんの会社では「1on1ミーティング」や「従業員満足度調査」が制度化されて、実際に行われているでしょうか？

1on1とは、上司と部下が1対1で向き合って対話をすることです。たとえば毎週1回30

分、単なる業務進捗確認ではなく、部下の成長のための対話をするというところがポイントです。1on1が制度化されまともに実行されている会社は、少なくとも、部下の成長を支援することが管理職の役割であると捉えるピープルマネジメントに関心がある会社だと言えそうです。仮に、ほかの仕組みがまだ整備されていないとしても、将来に期待が持てるかもしれません。

従業員満足度調査は、ES＝エンプロイーサティスファクション調査とも呼ばれます。会社や上司、仕事への満足度を従業員に尋ねるアンケート調査です。また、満足度というところから一歩踏み込んで、会社や仕事に対する貢献意欲、共感度に重点を置いて「エンゲージメント調査」を行う会社も増えています。人事部はこれらの調査結果をたいへん気にしています。会社として、「従業員満足度を昨年より2ポイント向上させる」というような数値目標を掲げているケースも珍しくありません。

皆さんの会社でこれらの調査が行われているか、その結果について公式にどのようなフィードバックが行われているかに注目してください。一方で、**人事部から「従業員満足度」や「エンゲージメント」という言葉を一度も聞いたことがない場合は、要注意**かもしれません。

②部門人事やＨＲＢＰ

従業員規模がかなり大きい会社に限られてしまいますが、部門人事が設置されているか、ＨＲＢＰが配置されているかも目安になります。

部門人事は労務管理や中途採用などのオペレーション業務しかやっていない、ＨＲＢＰも本来期待されている事業責任者の人事戦略参謀ではなくオペレーション業務に埋没している などという声も耳にしますが、とくにＨＲＢＰはまだ配置する企業が増え始めたばかりです。基本的に、部門人事やＨＲＢＰを置くということは人事に力を入れていこうという経営者の意思の表れと見てよいはずです。それらは、それぞれの事業の環境変化に迅速に対応できるように、事業の現場に近いところで人事戦略・人材戦略を推進するための橋頭堡なのです。まだ十分に機能していない面があるとしても、置いてないよりはマシだと言えます。

ＨＲＢＰは、最近注目されています。今後配置される会社も増えてくるので、6章「人事のからくり④　キャリア形成の鍵・タレントマネジメント入門」であらためて取り上げます。

また、技術系社員については、部門人事やＨＲＢＰではなく、特定職種の社員を全社横串で目配りする組織を設置している会社があります。製造業や建設業などでよく見られるかたちです。

たとえば、A・B・C各事業部に研究開発職が配属されていて、その人たちをサポートするために本社部門として研究開発本部が設置されているような組織体制です。個々の研究開発職の人事権は各人が配属されている事業部にあるのですが、研究開発職の人たちの育成や事業部間の異動は研究開発本部が担当します。技術系社員は専門分野ごとに全社でリソース管理をしておきたいという経営ニーズを反映しています。その意味では技術系社員は事務系社員よりも会社の目配りが行き届いている場合が多い、という見方ができます。

この特定職種の担当組織は、各事業部の研究開発部の部長から構成される委員会のようなかたちになっていることもあります。

「技術系社員の人事異動権は各事業所長が持っている。職種別採用で所属は各事業所だが、それぞれの職種を全社横串で見ている職種別の本部組織があって、研修やキャリア面談も各本部が行っている。事業所間異動は各職種の本部組織が調整している」（建設業人事部）

③人事部

一般社員層の異動配置について、人事部がどれだけ主体的に関わっているかを見分ける方法がいくつかあります。そのひとつが、4月1日と10月1日など毎年決まった時期に人事異動の大半を行っているか、それとも毎月それなりの人数が異動しているかです。これがどう関係するのか、まったく見当がつかないのではないかと思います。説明が少し長くなってしまうので、次の「定期異動と随時異動」の項で詳しく説明させてください。

④手挙げ異動

会社主導の人事異動の対象にならないのなら、自分で手を挙げればいいのではないかという考え方もあります。社内公募制やＦＡ制などです。これら手挙げ異動の環境が整っているかどうかも重要なポイントです。こちらについては、3章で取り上げます。

定期異動か随時異動か、それが問題だ

御社では、いつ人事異動がありますか？　「だいたい4月だけだよ」という会社もあれば、「毎月ある」という会社もあります。「それがどうしたの？」と思われるかもしれませんが、実はそこに重大なヒミツが隠されているのです。あなたの会社の基本的な人事異動の考え方がわかると言ってもよいくらいです。

人事異動の実施時期を見ると（図表４）、年1回ないし半年に1回、毎年決まった時期に

図表4　人事異動は決まった時期に行われるか？

	製造業	非製造業	合計
定期異動中心の会社 （4月・10月など決まった時期）	6社 40%	9社 56%	15社 48%
随時異動中心の会社 （必要に応じて毎月）	9社 60%	7社 44%	16社 52%
合計	15社 100%	16社 100%	31社 100%

出所）「一般社員の異動配置調査」一部修正

図表5　定期異動・随時異動別に見た異動ニーズ

異動タイミング／異動ニーズ	定期異動	随時異動
ポジション起点 事業要請に基づく人事異動	・組織改編対応 ・プロジェクト対応 ・欠員補充対応	・期中の組織改編対応 ・期中発足プロジェクト対応 ・欠員補充対応
人材起点 人材育成やマンネリ防止など	・新卒入社対応 ・昇進昇格対応 ・キャリア開発計画対応 ・個人事情対応	・個人事情対応

出所）「一般社員の異動配置調査」一部修正

ほとんどの異動を行う**「定期異動型」の会社**と、期首に限らず必要に応じて毎月異動を行う**「随時異動型」の会社**に分かれます。全体では両者はほぼ同数。製造業では随時異動型のほうがやや多い状況です。そういえば、各部門が人事異動案を作る会社も、製造業のほうが多かったですね。

定期異動と随時異動の違いは、実施時期だけではありません。異動ニーズが異なります。異動ニーズを2つに分けて考えてみましょう（**図表5**）。ひとつは、組織改編や欠員に対応するための**「ポジション起点」の異動**です。もうひとつは、社員の能力開発や個人事情に対応するための**「人材起点」の異動**です。

①良い玉突き、悪い玉突き——定期異動の異動ニーズ

どの会社にも組織の改編があります。組織は戦略に従うと言われるように、経営計画の開始時期、すなわち毎事業年度の期首には何らかの組織改編があることが多く、新しい組織ができたり、組み替えられたり、廃止されたりするので、それに伴って人事異動が行われます。これが「ポジション起点」の異動配置の典型です。

また、組織が変わらなくても、繁閑状況などに応じて組織定員が見直されたりします。これ半期ごとに計画を見直すことも多いので、3月決算の会社ではたいてい4月と10月に定期異動があるわけです。退職や異動で転出した人の穴を埋める欠員補充も典型的なポジション起点の異動であり、定年退職対応もその一種です。定年が誕生月でなく期末付けという会社もあるので、定年退職対応も定期異動時に行われたりします。

定期異動時のニーズはポジション起点のものばかりではありません。4月と言えば新入社員が入ってきます。昇進・昇格を新年度の4月1日付で行う会社も多いでしょう。これらの人たちの配置も考える必要があります。これらはポジション起点と言うよりは、「人材起点」の異動配置です。新入社員や昇進・昇格者をどこに配置すべきかを考える異動配置だからです。

人材起点の異動配置は、新入社員や昇進・昇格のような人事イベントがらみのものだけではありません。皆さんの関心が高い、能力開発目的の人事異動も人材起点です。キャリア形成のために計画的に次の経験を積んでもらおうというような異動は、いつ機会があるかわからない随時異動で行うことは難しいかもしれません。定期異動を軸に行うほうが確実です。

定期異動は、ポジション起点の異動と人材起点の異動の両方を組み合わせて行われるものです。皆さんも「玉突き人事」という言葉を聞いたことがあると思います。玉突き人事とは、あるポジションにAさんを異動させて、Aさんのポジションに Bさんを異動させて、Bさんのポジションに Cさんを異動させて……という具合に、異動を連鎖させるやり方です。「トレイン人事」と呼ぶこともあります。

もしかすると玉突き人事には、Aさんのために Bさん、Cさんも巻き添えになって本意ではない異動をさせられる、まさにビリヤードのように順繰りに押し出されてしまうというネガティブなイメージを持つ人が多いのかもしれません。しかし、部長になったA課長の後継者としてB係長を課長に、そしてB係長のポジションにCさんをという昇進の連鎖もまた、典型的な玉突き人事です。

1章でも触れましたが、現実の人事異動ではたいてい要員確保・要員適正化のポジションニーズが最優先です。純粋なキャリア開発・能力開発目的の異動は後回しになりがちですが、定期異動時の玉突き人事では、同時に大勢の人が異動するので育成要素を組み合わせる余地が大きくなります。昇進の連鎖のようなわかりやすいかたちでないとしても、**仕事のステップアップの連鎖、能力開発機会の連鎖をどうやって作り出すか、これぞ異動配置担当者の腕の見せどころ**だと言えます。

大手企業の玉突き人事は、まるで巨大なパズルのように多くの要素が複雑に絡み合っています。毎年の人事異動案の策定に数ヵ月かかる企業も珍しくありません。余談ですが、あるＡＩ企業は人事異動案をＡＩで策定するソフトウェアを開発していました。ちなみに、そのソフト開発には数学オリンピックの某国代表の方が参画していました。もちろん、ＡＩで効率的に人事異動案を組めたとしても、すべてそのまま会社指示で実行できるというわけではなく、現実にはその後工程として数段階もの調整が必要だったりします。

定期異動型は、比較的人事部の人事権が強い会社に多いタイプで、能力開発要素を計画的に織り込みやすいやり方なのです。

②「場当たり的な人事」のからくり——随時異動の異動ニーズ

一方、随時異動型は五月雨《さみだれ》式に毎月人事異動があり、社員から「うちの会社の人事は場当たり的だ」と見られがちです。全体の半数、製造業では6割がこのタイプです。この随時異動型の会社は、少し格好良くいうと、ＶＵＣＡ《ブーカ》（先行き不透明で予測困難）の時代なので、人事においてもアジリティを重視するという考え方なのです。

期首に限らず毎月多くの人事異動がある会社の場合、その人事異動ニーズはどのようなものでしょうか？　そもそもなぜ毎月人事異動があるのかを考えてみましょう。

「期中に組織改編があった」「期中にプロジェクトを行うことになった」「期中に退職者の欠員補充が必要になった」……いずれも、最初に「期中に」という言葉がつきます。中には、期中のどこかのタイミングで実施すべく、期首から計画していたというものもあるでしょう。たとえば、期中の8月に新拠点を開設することが決まっていたが、人事異動発令は期首の4月ではなく7月に行うなどの場合です。

しかし、期首には想定していなかった組織改編やプロジェクト、欠員補充などに迅速に対応するために行う人事異動も相当数ありそうです。これらはいずれも、事業部門側のニーズによるポジション起点の異動です。人事部としては事業部門側に対して、それらは本当に期首には想定できないものばかりだったのか、もう少し計画的にできないのかと言いたいところだろうと思います。しかし、「事業推進上どうしても必要だ」と言われてしまうと、なかなか断り切れないのが人事部です。

ここで少し、事業部門側を擁護しておきます。どの会社も、どうしてもその時期にやるしかないという人事異動は、定期異動月でなくても実施します。対応が分かれるのは、緊急度がそこまでではない場合の人事異動です。

たとえば、何らかの環境変化に対応するための異動配置を期中の10月に思いついたとします。そこで、次の期首である4月を待って「計画的に」人事異動を行おうとするか、それとも、早いほうがよいという考え方で翌月の11月に「迅速に」実施しようとするかの違いです。もちろん、個々の案件の重要度、緊急度の程度によりますが、それでも、基本的に期首に人事異動を行おうとする定期異動型の会社と、できるだけ早く実施しようとする随時異動型の会社に分かれます。

つまり、**随時異動型の会社は、事業環境変化に迅速に対応すること**（アジリティ）**を重視する会社**だということなのです。**定期異動型には人事部の人事権が強い会社が多く、随時異動型には各部門の人事権が強い会社が多い**理由です。製造業に比較的、随時異動型が多いのも人事権との関係でしょう。

随時異動での異動ニーズは、ほぼすべてが事業要請に基づくポジション起点のものだといってよさそうです。中には、親の介護のために実家近くの事業所に転勤を希望している人のポジションを探すというような、個人事情による人材起点の異動があったりもしますが、全体からすると少数の例外です。

さて、自社が定期異動型か随時異動型かは、すぐにわかるはずです。両者の違いは経営の考え方の違いであって一概に随時異動型が場当たり的だとは言えませんが、異動タイミングを想定しづらい分、計画的な人材育成という面では定期異動型よりも工夫が必要であることは確かです。自社が随時異動型の場合は、人事部にあなたの中長期キャリアプランを目配りしてもらえる可能性は、残念ながら定期異動型よりは低めだと考えたほうがいいかもしれません。**定期異動型の場合以上に、自分でキャリアを切り拓いていくというスタンスが必要です。**

「適材適所」と「適所適材」の違いは？

ここまで、人材起点、ポジション起点という言葉を使ってきましたが、同じような意味合いで、人事では「適材適所」「適所適材」という言葉もよく使われます。とくに最近では、「これからの役職登用は適材適所ではなく、適所適材を基本にする！」などと言われたりします。

「適材適所」は皆さんもご存じだと思います。『広辞苑』で引くと、「人を、その才能に適した地位・任務につけること」と出てきます。一方、「適所適材」は辞書にはない言葉です。人事用語だといってよいでしょう。適所適材なので「地位・任務に、適した才能の人をつけること」という理解で間違いありませんが、これだけでは適材適所との違いがわかりにくいかもしれません。「適材適所は、人をその才能に適した地位・任務につけることで、ということは、それぞれの地位・任務にはそれぞれの地位・任務にふさわしい人がついているはずだから適所適材のはずで……」と、考えれば考えるほど、ほとんどの人にはおそらく両者の違いがわからなくなってくるのではないでしょうか。

確かに、結果としては適材適所と適所適材が一致することが理想なのです。しかし、少なくとも異動検討のプロセスとしては、両者は明確に異なります。「人事ガチャの秘密」を解き明かすためには、両者の違いを理解しておく必要があります。

「適所適材≒ポジション起点」の異動

まず、**適所適材から説明すると、空きポジションありきで、そこから異動配置の検討が始まります。**定期異動と随時異動の項で見た通り、組織改編やプロジェクト編成などで配置が必要になるポジションに、ふさわしい「人材を探す」のです。事業推進上のニーズ、すなわち部門側から発生するニーズです。定期異動や退職者の欠員補充も、それらによって担当者がいなくなったポジションの後任者を探して配置するわけですから、典型的な「適所適材≒ポジション起点」の考え方です。配置検討の手順としては、そのポジションに必要な能力・

経験などの要件を洗い出し、それらの要件を備えている人を探すというやり方です。

たとえば、A事業部の営業企画担当者ポジションには、Must要件（必須要件）としてA事業部またはB事業部での3年以上の法人営業経験、Excelを中心としたオフィスソフトのスキル、Want要件（歓迎要件）としては営業本部主催の市場分析研修修了、自己申告で営業企画部門への異動希望者という具合です。その要件にすべてではないにせよ、いくつか合致すれば異動候補者として検討され、まったく合致しなければ、候補には挙がらないということになります。つまり、空白ポジションの要件に合致しない限りは、いつまで経っても会社主導の人事異動の候補者になる機会はないということです。

「適材適所⇔人材起点」の異動

適材適所の異動は、人材ありきです。**人材起点とは、「ポジションを想定する前に異動候補者を決める」ということ**です。すなわち、どのポジションに異動させるかはともかくとして、どこかに異動させるべき人を先に決めるというやり方です。異動先ポジションは、誰を異動させるかを決めた後に、その人の能力・意欲に合わせて考えます。これは、ポジション起点とは真逆の考え方です。

なぜ、適材適所の異動を行いたくなるのでしょうか？　ポジションの想定がないのに、なぜ、ある人を異動させたくなるのかというと、典型的には次のケースです。何年か連続で人事評価成績が低いなど、現在の職場がミスマッチだと思われる場合は、その人が能力を発揮できる新たなポジションを見つける必要があるので異動対象になります。また、10年間3部署など、あるサイクルで異動を行うことが成長につながると考える会社は、まず、長期間同じ部署で働いている人などを異動対象者と決めて、それから異動先を考えます。ミスマッチのケースはさておき、育成を主眼とした適材適所の異動は人事部の人事権が強い会社や、定期異動型の会社になじむパターンです。

大規模な玉突き人事は定期異動の時にしか行うことができませんが、新入社員や昇格者などの配置を含め、諸々の異動配置ニーズを組み合わせて考えることができるという意味では、適材適所型の異動を行う余地が大きいと言えそうです。

人事異動案を作る人事部

人事部は人事異動案を作らないと言いましたが、定期異動型企業に多く見られる「人事異動案を作る人事部」はその仕事に膨大な手数をかけています。おそらく、皆さんの想像以上の時間を費やしているのではないでしょうか。その様子を紹介します。

「半期ごとの定期異動の3〜4ヵ月前に全社配属検討会議を開いて準備を始める。本社人事と部門人事が協働で全社の異動候補者とポジションのリストを作って、ファイル共有しながら個人別に各人の適性などを検討し、異動先の○×を付けていく。その後は、本社人事、部門人事それぞれの部長が中心になって人事異動案を作り、相互の調整を行う流れになっている。基本的に、本社人事はキーポジションと部門間異動について目配りしている」

（流通業人事部）

「メインの定期異動の4ヵ月くらい前から人事部が各部門のヒアリングを始める。各本部長、部長、課長と順に組織課題と人事意向を聞いていく。人事部長と課長が手分けして、100回以上のヒアリングを年2回行っている。このほか、新人から3年目までの社員は、リテンション（退職防止）の意味もあって、毎年全員のヒアリングも行っている」

（食品メーカー人事部）

「異動案は基本的には人事部門が作っている。会社ニーズと本人のキャリアの整合を重視していて、個人希望は年末にキャリアシートを提出してもらって、人事部がすべてに目を通している。会社ニーズは、4月の定期異動に向けて年明けから各部門のヒアリングを行って、人事構想や異動候補者を聞いている。若手については年次、30代以降については部門在籍年数がかなり長い人やローパフォーマーを人事部門がリストしている。それらをもとに2月に人事異動案を作り、3月初旬に内示する流れになっている」

（食品メーカー人事部）

「人事異動案を作る人事部」とはこういうものです。ただ、そういう人事部は少数派です。

適材適所型企業の人事異動

さて、適材適所型企業の人事異動案策定フローは、各社にほぼ共通しています。その手順は次の通りです。

①人事部による情報収集

まずは、人事部手持ちの基本情報が材料になります。典型的には、現部署の在籍年数や入社年次といった情報です。同じ部署に5年以上在籍している人や入社4年目の人を異動候補にするなどです。さらに、2〜3年連続で人事評価成績が芳しくない人、自己申告書で異動希望がある人などを初期リストに加えます。

人事部主導の会社では、このような手持ちの情報だけでなく、たいてい、人事部が各部門や社員にヒアリングを行って、必要情報を収集しています。まずは、各部門の管理職への組織構想や人事構想、人員要望などの情報収集です。中には、社員に直接、ヒアリングを行う会社もあります。毎年全員に話を聞くことは人数規模的に難しいので、自己申告書で気になる記載事項がある人や同一部署長期在籍者、若年層や昇格者など、対象者を絞って行うのが普通です。

②異動候補者リスト作成

このようにして収集した情報をもとに、人事部が異動候補者リストを作ります。この段階では、各人の異動先は特定されていません。誰が異動候補者なのかが決まっているだけです。つまり、**「異動先を想定する前段階での候補者リスト」です。このリストを作ることが、狭い意味での「適材適所」型、人材起点の異動の特徴**です。

③人事異動案作成

リスト化された社員の異動先を検討します。定期異動を前提に一度に大勢の社員がリスト化されるので、ここでいわゆる「玉突き人事」案を検討するわけです。

④調整

人事異動案ができると、転出部門、受け入れ部門との調整作業が始まります。定期異動を行う会社は人事部の権限が比較的強い傾向にありますが、各部門との力関係の強弱にはグラデーションがあります。人事部に人事権がある場合でも、なかなか一方的に人事部の案が通るというわけにはいきません。「Aさんを持っていかれるのは困る！」という各部門の抵抗は日常茶飯事です。数段階の調整の都度、異動案を組み替えて、また調整してという流れです。

人事部と各部門で話がついて異動案が固まったからといって、実はまだ調整業務が終わったわけではありません。次は異動候補者への内示です。基本的に会社は総合職に異動を命じる権限を持っています。ただ、異動を内示すると、「そこへ異動しなければいけないのなら辞めます！」というような反応が返ってくるケースもあります。説得が難しい場合もあるでしょう。人事権を盾に異動を強行する手もありますが、本人が実際に異動前後に退職してしまうと、また退職補充の異動案を考えなければなりません。現実問題としては、辞めるとは言わないまでも、あまりにも拒否意向が強い異動案は修正を余儀なくされることがないとは言えません。

⑤異動発令

厄介な調整を経て、ようやく定期異動の実施にたどり着きました。数ヵ月もかかる膨大な作業です。これを本社の人事部で一元的に集約して行うことが難しい場合も多いので、本社人事部は管理職の異動を担当し、一般社員層の人事異動は各部門が行うというような分担が行われるわけです。

随時異動型企業については、このような「適材適所」型の「異動先を想定する前段階での異動候補者リスト」を作成する異動はほとんど行われません。玉突き人事が行われるとしても範囲を限定した小規模なものになります。

一般社員はすでに適所適材が主流

もう一度簡単に、定期異動型企業と随時異動型企業の特徴をおさらいしておきます。

・定期異動型企業

比較的、人事部の人事権が強い会社が多く、中央集権的。ポジションを想定する前に異動候補者リストを作る人材起点の「適材適所」型の異動と、ポジション起点の「適所適材」型異動の両方を行う。計画的人材育成に対応しやすい。大規模な玉突き人事を行うことも多い。

・随時異動型企業

比較的、事業部門の人事権が強い会社が多く、分権的。ほとんどがポジション起点の「適所適材」型異動。ビジネスのアジリティ重視志向が強い。

全体としては定期異動型の会社と随時異動型の会社はほぼ同数ですから、適材適所型の異動候補者リストを作る会社は半数以下です。そして、そのリストは人事部しか作りませんし、すべての人事部がそのリストを作るわけでもありません。人事部が異動案を作る会社は3割です。つまり、**純粋に人材起点の適材適所型の異動を行う会社は、多くても3割だというこ**

とです。適材適所型異動でなければ計画的な人材育成ができないとは言えませんが、一般社**員の異動配置は、すでに適材適所ではなく「適所適材」の考え方が中心になっている**というのが実態です。

「部長以上の異動は年1回の定期異動に集約しているが、それより下の層は毎月異動があり、事業上必要であればすぐに実施する」（製造業人事部）

このコメントからは、部長以上の人事は事業計画に基づいて年度ごとに実施するものの、課長以下については其の時々の事業状況、人員過不足状況に応じて適宜行われている様子がうかがえます。やはり、現実としては、**一般社員層の異動はタイムリーな「要員確保・要員適正化」ニーズが大きい**と言えそうです。

皆さんの会社が随時異動型の場合は、定期異動型の場合よりも人事部があなたに目配りしてくれている可能性が低いかもしれないということです。3章でもっと詳しく見てみましょう。

3章

人事のからくり①
目配りされないミドルパフォーマー

入社して12年経ち、山田さんも30代半ばになりました。今では課長の信頼も厚い職場のリーダー格です。「営業管理部に来て7年かぁ。ちょっと飽きてきた気もするけれど居心地はいいし、やっぱり慣れた仕事がいいよね。そういえば同期の佐藤さんは今度、課長になるかもっていう噂だな……」

30代半ばになると、そろそろ管理職への登用も始まり、同期入社の仲間たちのキャリアが本格的に分岐していきます。管理職の話は4章、5章で取り上げることにして、3章は、ザ・平均的社員の30代半ば以降の異動配置を見ていきましょう。

平均的社員とミドルパフォーマー

本書では、入社以来、おおむね平均的な人事評価成績をとっている人たちのことを「ミドルパフォーマー」と呼んでいます。たとえばS・A・B・C・Dの5段階評価であれば、「B」をとる人です。Bの社員は人数が多いので、評価に差をつけようと、S・A・B+・B・B−・C・Dのように評価段階を細かく分散させる会社もあります。「B+」〜「B−」の人もミドルパフォーマーです。

人事評価制度の話をすると、多くの会社において「B」は平均的な成績という意味ではなく、「ほぼ期待に応えている」「ほぼ基準を満たしている」と定義されているのではないでしょうか。業績面では目標をほぼ達成し、自身の等級や役割に求められている能力などをほぼ備えていて「B」評価です。組織内にそういう人が多ければ「B」は結果的に平均ということになりますが、平均だからといって「B」をつけるわけではないという考え方です。

評価の方法としては、このようなやり方を絶対評価方式といいます。つまり、絶対評価で「B」のミドルパフォーマーは、平均的社員という意味ではなく、会社や上司の期待にほぼ応えてくれている各職場の大切な戦力という捉え方なのです。これに対して、平均・標準・並み・普通なのでBをつけるというやり方を相対評価方式といいます。少しややこしい話になりましたが、絶対評価と相対評価は根本的に考え方が異なります。相対評価は人と人を比べますが、絶対評価は人と比べるのではなく、基準と比べて評価を行います。

話を戻すと、「各職場の大切な戦力」というところが、ミドルパフォーマーの異動配置を読み解くキーワードになります。

人事評価と人事異動

人事評価と人事異動の関係を見てみましょう。図表6の縦軸は評価の高低です。「ハイパフォーマー」とは先ほどのミドルパフォーマーの定義よりも明らかに評価が高い人です。「明らかに」とまでいかない場合は、ミドルパフォーマーに含めて考えてください。「ローパフォーマー」は数年連続で評価が低い人です。ハイパフォーマーでもローパフォーマーでもない人は、自分はミドルパフォーマーだと考えて間違いありません。

横軸は「短期視点」「中長期視点」と書いてありますが、それぞれ「事業部門に人事権がある場合」「人事部門に人事権がある場合」と読み替えて構いません。たいていの場合、事業部門は経営陣に約束した各年度のP／L（損益計算書）の実現を最優先のミッションとして活動しています。皆さんの異動配置もその文脈の中で、「毎年の業績を達成するための施策」と位置付けて検討することが普通です。ゆえに、事業部門が主導で行う異動配置の判断は比較的短期視点なのです。

一方、人事部門は、事業部門とは異なる中長期的視点での異動配置施策を講じることができます。

図表6　評価成績と人事異動

人事評価＼判断の時間軸	短期視点（事業部門視点）	中長期視点（人事部視点）
ハイパフォーマー ハイポテンシャル	部門のエース人材 現部門で活躍、垂直昇進（抱え込み）	全社最適配置 広範囲、短期サイクルの異動
ミドルパフォーマー	部門の中核戦力 現部署で現業務継続（異動検討対象外）	マンネリ防止 幅出しの異動 異動による育成機会確保
ローパフォーマー	新たなマッチング先探し	

出所）「一般社員の異動配置調査」一部修正

正確には、「できます」というよりも「できるはずです」とか「講じるべきです」と書いたほうがいいかもしれません。皆さんもＳＤＧｓ（持続可能な開発目標）とか人的資本経営という言葉を聞いたことがあると思います。ＳＤＧｓでは、たとえば、「ジェンダー平等を実現しよう」ということで女性管理職比率目標を掲げて、ポジティブ・アクション（格差是正を目的とした踏み込んだ取り組み。アファーマティブ・アクションとも言う）を推進することなどが求められています。このようなジェンダー平等のイニシアチブを各年度のＰ／Ｌを追いかけている事業部門に期待しても、自ずと限界があります。やはり、人事部がサステナビリティ（持続可能性）の観点から主導すべき課題だと言えるでしょう。

人的資本経営も同様です。ざっくり言うと、人を単なるコストや、使えば目減りしていく資産と見るのではなく投資対象の資本として捉えようという考え方で、いま非常に注目されています。こちらも、人材への中長期投資が主題ですから、やはりサステナビリティの観点から人事部が旗を振って取り組むべきものだと言えます。このように、**人事部には少なくとも事業部門よりも中長期視点で、人事施策に取り組むことが求められています。**

評価成績別に人事異動を見てみる

さて、少し話が長くなりました。人事部と事業部門との具体的な役割分担については、人事部に向けたメッセージとして8章で取り上げることにして、人事評価と人事異動の話に戻りましょう。図表6を見てください。

①ハイパフォーマー

各部門のエース人材は、いわゆる「抱え込み」の対象です。上司は絶対に手放したくない、わが部門でこのまま活躍してほしいと考えていることでしょう。一方、異動配置にまつわる人事部の最大の悩みのひとつが、この抱え込み対策です。とくに、将来的に役員層への昇進が期待できそうな「**次世代経営人材**」**候補を若手の中から発掘し、計画的にさまざまな経験を積ませて育成する**「**タレントマネジメント**」**と呼ばれる施策の推進は、経営の重要課題に**なっています。

そのような次世代経営人材候補は、各部門のエース人材でもあります。そこでどうしても人事部と各部門との間では、ハイパフォーマー・ハイポテンシャル人材の異動をめぐる引っ張り合いになるわけです。もともと全社最適と部門最適は両立しないところがあるので、人事部と各部門との摩擦は避けられません。

しかし、どの会社でも次世代経営人材育成は経営の最優先課題のひとつとして位置付けられています。これまで各部門の人事権が強かった会社でも、だんだんと各部門との適度なバランスを保った異動配置ができるようになってきているようです。もう10年以上、タレントマネジメントに取り組んでいる会社も多く存在します。次世代経営人材やタレントマネジメントについては5章と6章で詳しく取り上げます。

②ローパフォーマー

一概に決めつけることはできませんが、数年連続で人事評価が低い人は今の仕事や職場が合っていないのではないかという見方もあります。各部門に人事権がある場合でも、部門の人事権が及ぶ範囲内で新たなマッチング先が見当たらなければ他部門にも目を向けて、マッチング先を探してほしいという要望が人事部に寄せられることになります。

人事部では、「ポジティブな異動」「ネガティブな異動」という表現をすることがあります。ポジティブな異動とは昇進がらみであったり、チャレンジングな仕事のために適材を探したりするような異動です。ネガティブな異動とは、ローパフォーマーのマッチング先探しなどです。各部門に人事権がある場合には部門内の異動は各部門に任せて、人事部は部門間異動を担当するわけですが、その実態については、次のようなコメントもあります。

「実際は部門間異動も、ポジティブな異動は事業部門同士で話をまとめてから人事に話が来ることが多い。個人事情や成績不振などネガティブな異動は、各部門から届いたリストをもとに人事部が受け入れ先を調整することが多い」

（機械メーカー人事部）

一方で、いわゆる「捨て牌人事」を牽制する人事部もあります。あまりお勧めできる表現とは言えませんが、捨て牌人事とは、麻雀で手牌から不要な牌を場に捨てるように、組織に不要と思われる人を異動候補者として放出することを言います。

「部門側から誰を出したいという相談も多いが、転出要望は原則却下していて、基本は現場のマネジメントで対応してくださいと言っている。本人の適性から見て他の仕事のほうが向いているなどの明確な理由があれば検討することもあるが、人間関係上の理由などは認めていない」

（化学メーカー人事部）

「ひとつの業務だけでローパフォーマーと決めつけないという社内コンセンサスがあり、2～3ヵ所ローテーションを行ったうえで評価している」

（運輸業人事部）

③ミドルパフォーマー

理由は異なるものの、ハイパフォーマーとローパフォーマーは部門からも人事部からも目配りされています。各部門に人事権がある場合でも、人事部はハイパフォーマーとローパフォーマーは個別に認識できていたりします。ところが、ミドルパフォーマーについてはそうではありません。その理由は主に2つです。

ひとつは、人数が多いからです。アリの法則では「2：6：2」などと言われますが、会社では「2：7・5：0・5」とか「1：8・5：0・5」くらいの感じではないでしょうか。大企業ではひとつの事業部門で、ミドルパフォーマーが数千人いたりします。実際のところ、なかなか目が届きません。

もうひとつの理由は、「たいていのミドルパフォーマーには問題がないから」です。「B」評価をとる人は、会社や上司の期待にほぼ応えてくれている人です。少々耳障りが悪いかもしれませんが、現状、各職場の大切な戦力として機能しているので、組織改編や組織間の人員過不足、または何らかの個人事情などがない限り、部門としてはあまり異動候補者として個別に意識する必要がないのです。各部門に人事権がある場合は、そのような事情がなければ、ミドルパフォーマーを異動候補者として考える理由がありません。つまり、各部門に人事権がある会社のミドルパフォーマーは、今の部署で今の仕事を担当し続けるケースが多くなるわけです。

それでは、人事部に人事権がある会社のミドルパフォーマーはどうでしょうか。2章で見た通り、「適材適所」型人事異動を行う会社の場合は、現部署で戦力として機能しているミドルパフォーマーもマンネリ防止や「幅出し」のための異動候補者になります。しかし、適材適所型人事異動を行う会社は全体からすると3割程度です。

人事部もミドルパフォーマーの異動配置に課題感が決してないわけではありません。ただ、ミドルパフォーマーには現時点で差し迫った問題がないだけに、**ハイパフォーマーやローパフォーマーへの対応が優先され、ミドルパフォーマーの異動配置施策にまで手が回らない**のが実態と言えそうです。ミドルパフォーマーの異動配置については、各部門と人事部のどちらに人事権があるか、別の言い方をすれば、適材適所型の異動を行う会社かどうかで、対応が大きく分かれるということです。

ミドルパフォーマーに異動は必要なのか？

皆さんの中には、ミドルパフォーマーは今の仕事をうまくやっているわけだから、そもそも異動する必要があるのかという疑問があるかもしれません。**図表7**は、異動を経験したことがない人に学習意欲などを尋ねた調査（「一般社員層の異動配置定量調査」）の結果です。同じ部署に5年以上在籍すると、成長志向、学習意欲、キャリアへの関心は低下してきます。他部門の業務内容などに関する社内知識が豊富になっていくというわけでもありません。いわゆるマンネリ傾向だと言えそうです。この「5年」という期間は皆さんの実感とも合致するのではないでしょうか。

また、異動配置施策としても人事部に人事権がある会社を中心として、若年層の「10年間

図表7　非異動経験者の知識形成面、意欲面の状態（在職年数別）

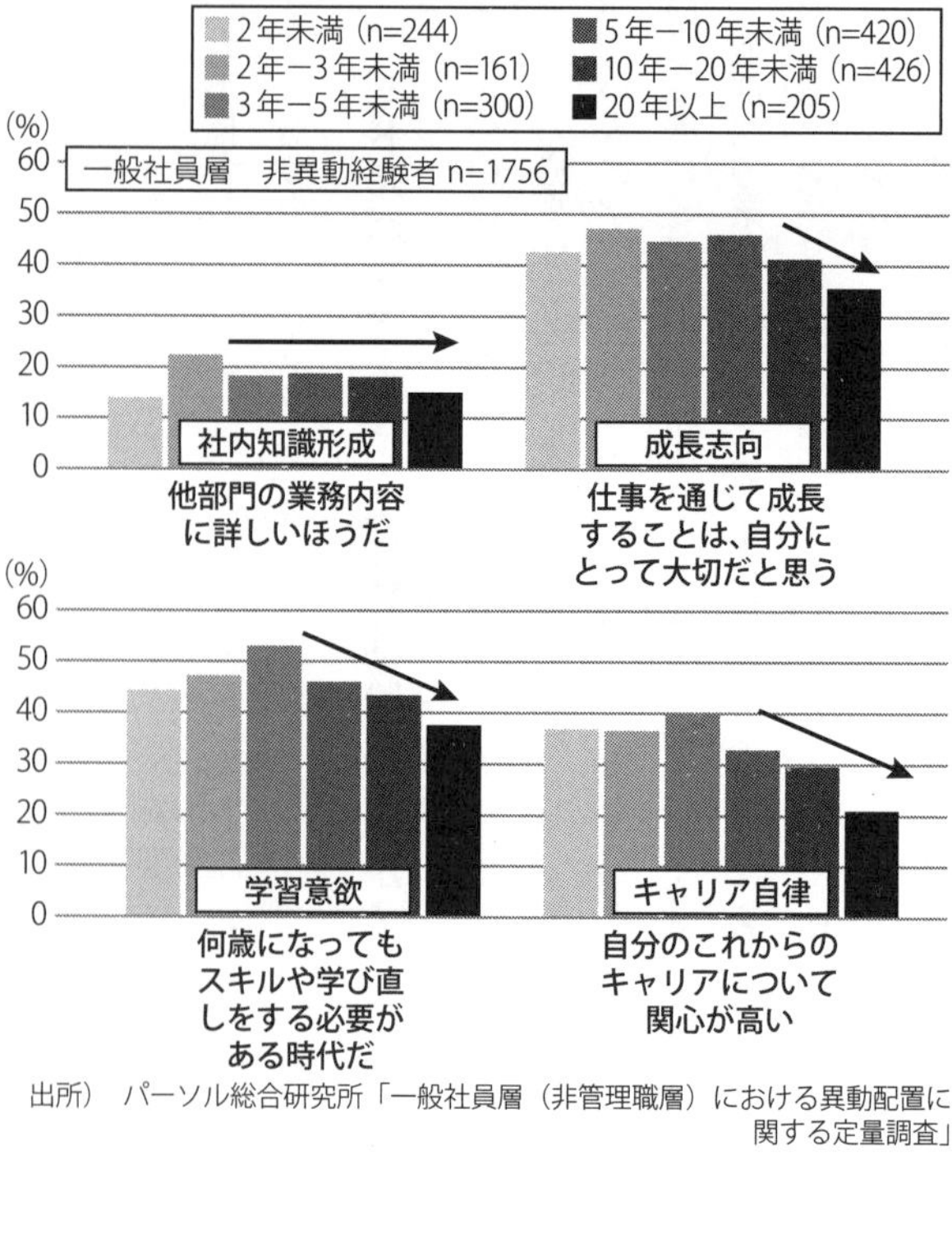

出所）　パーソル総合研究所「一般社員層（非管理職層）における異動配置に関する定量調査」

3部署」ローテーションだけでなく、30代半ば以降においても育成観点から同一部門での長期在籍を避けようという考え方が見られます。

「長期滞留の解消、ジョブローテーションの実施を徹底している。若手については2～3年、中堅以降についても原則5年以上は長期滞留だと考えている」（卸売業人事部）

一方、事業部門の人事権が強い会社では、30代半ば以降の中堅社員を積極的にローテーションしようという会社は多いとは言えません。中堅社員をローテーションしないことのリスク、目配りされないミドルパフォーマーの将来が気になります。それでは、30代半ば以降の異動配置状況を見てみましょう。

年代層によって異動配置方針が変わる

新入社員からの10年間、20代半ば～30代前半は、1章で見た通り、定期的なローテーションを行いながらじっくりと適性を見定める会社から初期配属部署での「早期戦力化」を重視する会社まで、やり方はさまざまですが、何らかの育成観点を含む、それぞれの会社で工夫された異動配置施策が行われています。また、貴重な若手人材ですから、部門も人事部も期待と関心を持って皆さんに目配りしています。他部署への異動を行う際の受け入れ先探しに

図表8　年代層別に見た異動配置

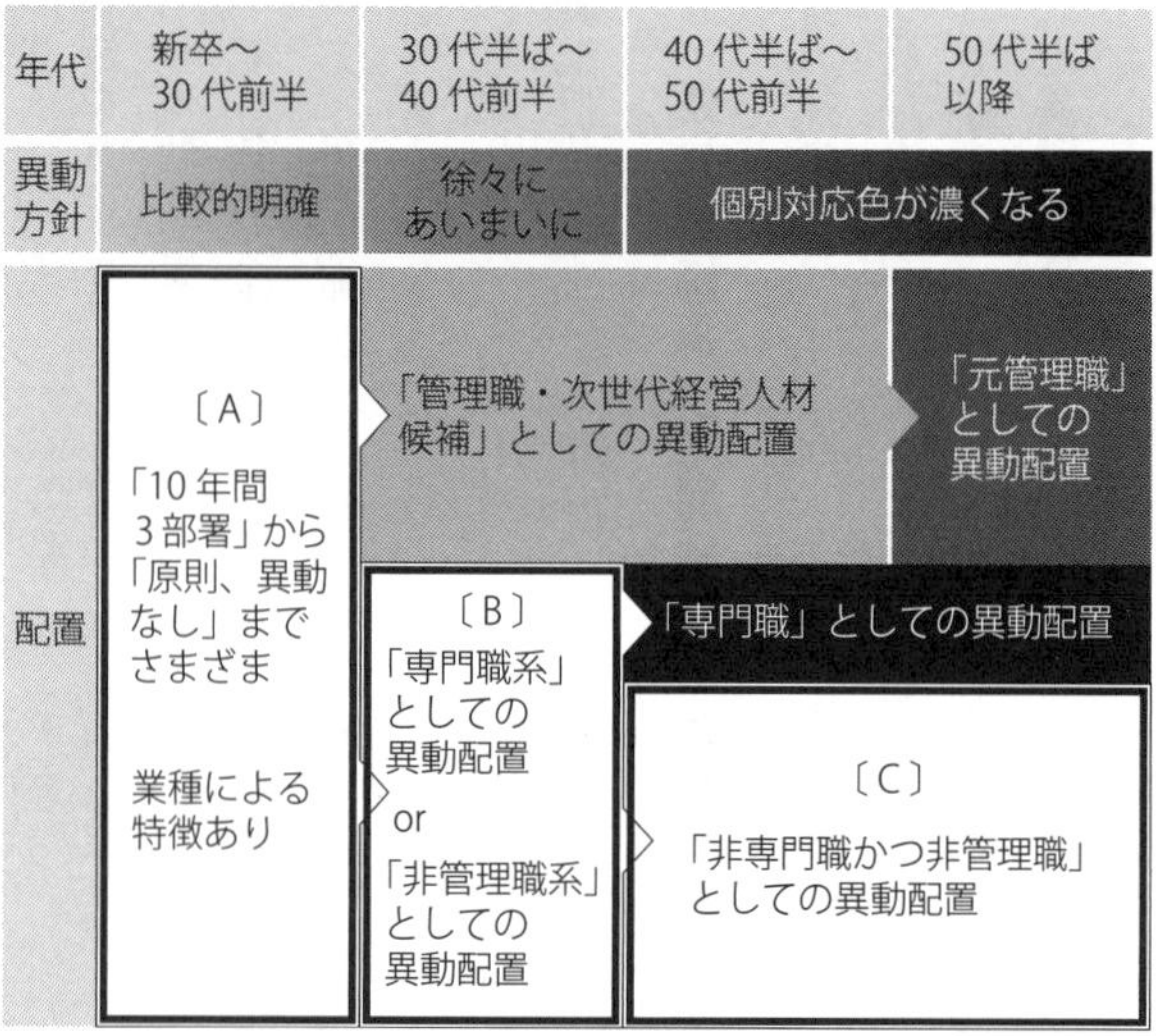

出所）「一般社員の異動配置調査」

もさほど困ることもないでしょう。問題はそれ以降です。

30代半ば以降の中堅社員やベテラン社員の異動配置については、「あまり明確な方針がない」「個別対応になる」という回答がほとんどになります。確かに、年代層が上がるにつれて、だんだんと方針があいまいになって個別対応に近くなってきます。とはいえ、各年代ごとに各社に共通する傾向もあります。また、30代半ば以降は何歳になっても同じというわけではありません。やはり、年代層によって異動配置方針が変化していきます。

図表8は新入社員から10年刻みで見た異動配置傾向の俯瞰図です。図中の［A］→［B］→［C］に注目してください。もしかすると皆さんには「悲観シナリオ」に見えるかもしれません。しかし、これは確率論としては、ミドルパフォーマー、すなわち、多くの普通のビジネスパーソンが辿ることになりがちなシナリオなのです。

ざっくり言うと、［A］**貴重な若手**→［B］**働き盛りの中堅**→［C］**単なるベテラン**へと至るルートです。別の表現をすると、［A］**引っ張りだこ**→［B］**戦力カウント**→［C］**放出対象**と言えなくもありません。どうして、このような筋書きになるのか。そのヒミツは、30代半ばから40代前半の10年間に隠されています。

管理職登用の適齢期

新入社員から10年も経てば、すっかり中堅です。転職経験がある人も同じです。誰しもこの年代で「まだ、半人前です……」というわけにはいきません。すなわち、プレーヤーとしては各部門で一人前の戦力として頼りにされている人たちのはずです。では、この年代に対する人事部の最大関心事は何だと思いますか？

皆さんがプレーヤーとして機能していることは、すでに織り込み済みです。もちろん、戦力になっていないローパフォーマーがいれば、新たなマッチング先探しも人事部の仕事のひとつになりますが、最大関心事ではありません。プレーヤーとしての戦力化や適性判断、育成が主要なテーマになるのは若年層です。

30代半ばからの10年に対する人事部の最大関心事は、なんだかんだといって「管理職の選抜と登用」です。

管理職は組織の要です。各組織に適切な管理職を配置することは、人事にとっても経営にとっても極めて優先度が高い超重要課題です。「管理職の異動配置調査」では、課長登用は35歳前後から始まり、40歳前後がピークになっています。また、「働く1万人の成長実態調査」(パーソル総合研究所)では、「出世したい」と思う人と「出世したいと思わない」人の割合が42・5歳で逆転することがわかっています。

働く側から見て42・5を境に「出世したいと思わない」人のほうが増えるのですが、実は、会社側も新たに課長に登用する際の上限年齢を設定していたりします。管理職になりたいと思っても、適齢期を超えると管理職になれる確率がガクンと落ちるのが実態です。つまり、**30代半ば～40代前半の10年間とは、人事部から見ると、管理職に登用すべき人は登用しつくす10年間**なのです。

管理職の選抜・登用は、会社に勤める働き方を選択している人にとっては、大きな分かれ道です。**管理職になりたいのか、なりたくないのか。なりたいとしてもなれるのか、そうでないのか。管理職を選ばない、もしくは、なれないのであればどうありたいのか。**この問いに対する自分なりの答えを30代中頃までに用意しておくことが大切です。それまでに必ず考えておいてください。きっと役に立ちます。

さて、管理職への登用や、管理職になってからの異動配置については次の4章で詳しく説明します。この3章では、管理職ではない人たちに焦点を当てていきます。

目配りされないミドルパフォーマー

筆者が「目配りされないミドルパフォーマー」と呼んでいるのは、典型的には、事業部門の人事権が強い会社に勤める、人事評価成績が高くも低くもない30代半ば〜40代前半の一般社員です。念のため繰り返しますが、ミドルパフォーマーは各部門の基幹戦力として頼りにされている人たちです。若手の時代に比べると異動機会は減少し、同じ部署で同じ仕事を続ける人が多くなります。それでも、プレーヤーとして仕事にやりがいを感じている人も多いでしょうし、きっと働き盛りの毎日を忙しく過ごしていると思います。管理職ではないからといって、とくに不満は感じていないかもしれません。

　そもそも今の時代、総合職だからといって全員がいろいろな仕事をこなして管理職を目指さなくてはならないというわけでもありません。むしろ、人事のトレンドとしては、管理職になる人も含めて、社員それぞれがしっかりとした専門性を持ってほしいという方向性です。それにたいていの場合、この年代はプレーヤーとして脂がのった時期です。怪しくなってくるのは、40代半ば以降になってからです。

　前述の通り、40代半ばになると管理職登用適齢期をすぎます。実質的にこの年代以降から管理職になる確率はかなり低くなります。管理職にならないだけならまだよいのですが、だんだんと人事評価成績が落ちてきて、ミドルパフォーマーだったはずがいつの間にかローパフォーマーになっているというケースが目立つようになります。

　ここではあえて「人事評価成績」と書きました。実際には仕事のパフォーマンスそのものが落ちてくる人と、パフォーマンスは変わらなくても人事評価成績が下がってくる人がいます。

　前者は若い時に比べてパワーダウンしてくるケースです。後者は、パフォーマンスが変わらなくても、40代半ばとしての等級や給与に見合う会社や上司の期待値に応えられないケースです。後者は年功的人事の弊害でもあります。等級や給与が年功的に上がるので人事評価基準が厳しくなり、能力や成果が同じであれば評価成績が下がってくるというわけです。40代半ばをすぎると同年代には管理職の人も大勢いますから、たとえ管理職でなくても管理職並みの成果が求められたりします。馬鹿げているようですが、実際にはよくあるケースです。いずれにせよ、ローパフォーマー扱いですから、職場の居心地はあまりよくないかもしれません。いわゆる「働かないおじさん」的な話になってきます。

目配りされないミドルパフォーマーにとって、40代半ばは魔の年齢だと言えそうです。管理職登用の可能性がなくなるのと同時に、専門職としても通用しないと言い渡されるようなものです。それを避けるには、**「40代半ばまでに、それ以降も管理職に伍してプロフェッショナルとして通用する専門能力を身に付けておくこと」**です。

皆さんは、「今の部署で今の仕事をずっと続けていて、40代半ば以降もこの仕事のプロフェッショナルとして通用するのか？」を問い続ける必要があります。**30代半ば〜40代前半の10年間をプレーヤーとして頼りにされていることで安心し、キャリアを考えることなく同じ場所で同じことをやり続けるリスクを決して侮ってはいけません。**

30代半ば〜40代前半の過ごし方については、技術系の人よりも事務系の人のほうがリスクが大きいと言えそうです。技術系の仕事をしていると、常に何らかの技術進歩の影響を避けられませんから、折に触れ「自分はこの先の技術進歩についていけるだろうか？」という自問自答を繰り返さざるを得ません。自ずと、キャッチアップのための勉強をするなり、場合によっては方向転換するなりの機会があります。一方の事務系、とくに営業系は目先の業績がよかったりすると、立ち止まって考えることなしに、勢いのまま同じことを繰り返して10年間を過ごしたりします。そして気付いた時にはあっという間に40代半ばで、専門能力と言えるほどのものを持っていないという事態に陥りがちになるわけです。

ホンモノの専門職？

皆さんが40代半ばで、「管理職に伍してプロフェッショナルとして通用する専門職」であれば、将来展望があるビジネスキャリアを歩んでいると言えるかもしれません。専門職には管理職と違って役職定年制（一定年齢で管理職ポストから外れる仕組み）もありませんし、職種によるところもありますが、定年後もそれまでと変わらない給与で再雇用されるかもしれません。ただし、「**ホンモノの専門職**」であればの話です。すなわち、「ホンモノではない専門職」もいるというか、むしろ、そのほうが多いということなのです。

「管理職になれるのはおよそ2〜3割で、そうでない人は結果的に各部門の専門職的人材になっていくかたちだが、本当の意味で専門性が高い人材は肌感覚では2割程度で、大半は『管理職になれずに残っている人』。現在の職場で成果を出していて、これまでのキャリア・知識を活かせている人はあまり異動しない。一方、専門性の柱を持てないままになっている人については、若手と同じように頻繁に異動していく。会社が都合よく使っている面もある。これまでのジェネラリスト志向のローテーションの弊害があり、今、その軌道修正をしようとしている。本格的な専門職制度導入とともに、育成や異動配置の枠組みを含めて改革しようとしている」

（化学メーカー人事部）

これは専門職に関する典型的なコメントです。このコメントには重要な内容がいくつも含まれています。少し詳しく説明します。

①「非管理職＝専門職」ではない

管理職でない人たちを大雑把に括ると「専門職」という呼び方もできますが、それは便宜的な呼び方にすぎません。管理職ではないというだけでは、しっかりとした専門能力を持つ人とは言えないからです。同じように、「専ら同じ仕事を長く担当している人＝専門職」でもありません。それだけで、専門能力や専門分野を持っているとは言えないからです。本書では、それを「専任職」と呼んで、専門職とは区別して捉えています。つまり、管理職と専門職、そして、そのどちらでもない専任職の3タイプの人がいるということです。

②ホンモノの専門職は2割程度

複数の会社から、「管理職ではない人のうちホンモノの専門職と呼べる人は2割程度」だという指摘があります。それでは、ホンモノの専門職とは何でしょうか？　40代半ば以降も管理職に伍してプレーヤーとしてやっていける人とはどんな人なのでしょうか。

自分にそのような専門分野・専門能力があるかないかを簡単に判断するには、「今の仕事と同じような仕事で他社にステップアップの転職をするとしたら……」というシミュレーションをしてみることです。単に自分のこれまでの経験と実績を並べるだけでは足りません。過去と同等以上の実績を、環境の異なる転職先で再現できるかどうかを論理的に説明する必要があります。つまり、自分の担当分野を体系的に捉えて、その論理や手法を異なる環境下で応用展開できる人が求められているということです。同じことを長くやっているだけでそうなれるというわけではなさそうですね。何らかの特定分野であっても、その中でそれなりの幅と変化を経験するとともに、勉強する、考えて自分のものにするということが不可欠です。

また、「同じような仕事」と言っても自分にとってどこまでが同じ仕事の範囲でしょうか？　たとえば、一口に営業といっても、B2B（法人対象）とB2C（一般消費者対象）とは相当異なります。B2Bでも商材の種類で専門知識が異なります。また、市場や顧客ごとに対応の仕方も違うでしょう。自分の専門分野は何なのか定義できていますか？　同業の競合他社への転職ですら、まったく同じということではないかもしれません。専門分野内できちんと応用を利かせることができる。それが専門職というものです。専門職にも幅が必要なのです。

③専任職の異動パターン

「専門性の柱を持てないままになっている人」とは、本書で言うところの「専任職」の人たちです。図表8（98ページ）で［C］と表示されている部分です。先ほどのコメントの中では「若手と同じように頻繁に異動していく」とありました。そういう人もいます。このコメントで重要な部分は、後半の「会社が都合よく使っている面もある」というところです。自分自身に明確な専門分野があるわけではないので、それほど高度な専門性を必要としない業務への量的バッファとして、あちらこちらとその時々の人員過不足状況に応じた異動要員になっているという意味です。

それとは逆に、現在の業務をそのまま長く続ける人もいます。そのパターンは「消去法」の異動配置です。次のコメントが、専任職配置のもうひとつのホンネを語っています。

「今できていることを継続させる。あえて異動させて強みを削ることはないと考えている」

（医薬品メーカー人事部）

絶対とは言いませんが、専任職になることはビジネスキャリアとしてはあまりハッピーではないかもしれません。専任職よりは専門職のほうがよさそうです。30代半ば～40代前半の過ごし方で、専門職になるか専任職になるかがほぼ決まってしまいます。

④本格的な専門職制度

管理職と同格の専門職を重用して処遇しようという試みは、新しい話ではありません。1980年代中頃から人事制度の複線化、ダブルラダー方式ということで、多くの会社が専門職制度を導入してきました。

図表9　純粋な管理職とホンモノの専門職

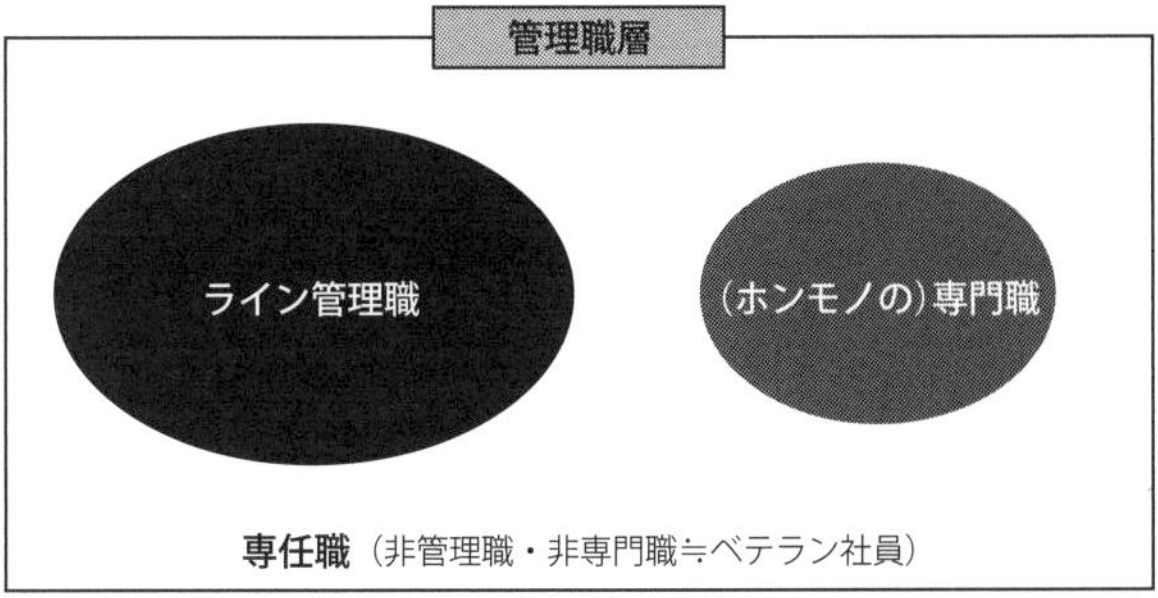

出所）「一般社員の異動配置調査」一部修正

ただ、多くの場合において、必ずしも狙い通りには機能しませんでした。いくつかの要因がありますが、そのひとつが専門職の捉え方です。社員を管理職と専門職のどちらかに分ける制度はたいてい失敗します。管理職のほうが定義しやすいので、管理職に該当しなければ、専門性がない人も専門職に区分されてしまいます。

専門職のステイタスを確立するためには、**図表9**のように総合職（専任職を含む）の中から、純粋な管理職とホンモノの専門職を抜き出すかたちが必要です。専門職を役員待遇で処遇する「フェロー制度」がこのタイプですが、残念ながら、役員待遇ということでは対象となる人が少なすぎました。役員待遇とは言わないまでも、課長級・部長級として処遇されるに相応しいホンモノの専門職の方々がいるはずです。

そんなこともあって、昨今、「ジョブ型」と呼ばれる仕事基準の人事制度に注目が集まっています。

ジョブ型人事制度、「仕事」基準と「人」基準

ここまであえて触れずにきましたが、30代半ば以降の異動配置については、「ジョブ型」の話を避けて通ることはできません。会社がどのような人事制度を採用しているかによって、給与の決まり方も異動配置の考え方も変わってきます。

ここで、人事制度の基本を押さえておきましょう。皆さんの会社にも何らかの等級制度があると思います。この等級が何を基準に決まっているかで、人事制度の基本的な性格が決まります。大まかに2つの考え方があります。「仕事」基準と「人」基準です。

「仕事」基準の人事制度

「役割等級（ミッショングレード）制度」や「職務等級（ジョブグレード）制度」など、担当する仕事によって等級を決める考え方です。ジョブを直訳すれば職務なので、「ジョブ型」人事制度とは職務等級制度のことだと言えなくもないですが、ここでは役割等級制度も含めて、仕事基準の人事制度をジョブ型と捉えておきましょう。大括りの役割別に等級を決める

か、細かな職務ごとに決めるかという差はありますが、いずれも仕事が等級と結びついており、等級が給与に直結します。

たとえば、営業課長を50歳のAさんが担当しても、35歳のBさんが担当しても、仕事としては営業課長は営業課長なので、誰が担当しても同じ給与を払うという考え方です。担当する仕事が変われば、その仕事の位置付け（役割等級や職務等級）に応じて給与が上がったり下がったりします。

「人」基準の人事制度

能力基準の「職能資格（職能等級）制度」が代表格です。職能とは職務遂行能力の略で、仕事を行う力という意味です。職能資格は担当する仕事ではなく、その人の「能力＝職能」に応じて等級を決める考え方です。

たとえば、職能資格M‐1級のAさんが営業課長であっても経理担当者であっても、Aさんには担当する仕事にかかわらずM‐1級として同じ給与が支払われます。もし、S‐3級のBさんが営業課長になれば、Aさんが営業課長の時とは異なる額が支払われることになります。

さて、皆さんは仕事基準と人基準のどちらがいいと思いますか？

仕事基準のほうがフェアだとか、仕事基準だと給与が下がる仕事には異動したくないなぁなど、いろいろな感想がありそうです。企業の動向を見てみましょう。

パーソル総合研究所の調査（「ジョブ型人事制度に関する実態調査」２０２０年）では、ジョブ型導入済み企業が18・０％、導入検討中が39・６％で合計57・６％です。皆さんがお勤めの会社でもジョブ型の人事制度をすでに導入済みだったり、導入検討中だったりする可能性が十分にあります。

また、管理職層と一般社員層では人事制度が異なることも珍しくありません。一般社員層では人基準の制度を採用している会社が55・９％ですが、管理職層ではそれが34・３％に減って、仕事基準の制度が62％になります。一般職層では人基準、管理職層では仕事基準が優勢です。このほか、人基準の等級制度と仕事基準の等級制度を併用するハイブリッド型の制度を採用している会社もあります。

キャリア自律の意味

今のところ、若手が多い一般社員層では育成的な人事異動を行いやすい人基準、そして、能力発揮が期待される管理職層ではフェアな処遇を実現しやすい仕事基準がなじむと考えている会社が比較的多いという状況です。

「タレントマネジメント調査（2020年）」「一般社員の異動配置調査（2021年）」「管理職の異動配置調査（2022年）」と、この3年間、人事部にヒアリングを行ってきた実感としても、「今のところ」「比較的」というニュアンスです。近い将来、ジョブ型志向の会社がグッと増える可能性もありますし、かといって、すべての会社がジョブ型になるということもないだろうと考えています。一般社員層も含めて全面的にジョブ型に移行するという会社もあれば、わが社には合わないと言い切る会社も見られる状況です。ただ、30代半ば以降の層や管理職層については、人基準の人事制度だとしてもジョブ型的な要素を織り込んだハイブリッド型が増えると見てよさそうです。

さて、本書の本題、異動配置の話に戻りましょう。

仕事基準、ジョブ型は、異動に伴って給与がアップダウンするので、人基準に比べると異動を行いにくい枠組みです。給与の話だけではありません。そもそも仕事基準は、社員一人ひとりが、それぞれが選んだ専門分野においてプロフェッショナルであれというところに価値軸を置いています。基本的に専門職志向の制度なのです。管理職も、管理職という名の

「マネジメントの専門職」だという捉え方ができます。専門職志向の制度である時点で、会社主導の職種転換を伴う異動とは相容れないところがあります。まず尊重されるべきは、何のプロフェッショナルになりたいのかという本人の意思だと言えるかもしれません。

ジョブ型は「**キャリア自律**」とセットで語られることが多い言葉でもあります。キャリア自律とは、自分のキャリアは自分で考えて切り拓くということです。当たり前のことのようですが、かつての大企業においては必ずしも自分でキャリアを考える必要はなく、会社の人事異動命令に従っていればキャリアアップできた時代もありました。会社の側にも「とことん社員の面倒を見ていこう」という人事方針がありました。キャリア自律は耳障りよく響きますが、厳しい言葉です。要するに、「**会社ができることには限度があるので、社員それぞれ自分で頑張ってほしい**」という意味なのです。

仕事基準の人事制度の会社に限らず、人基準の人事制度の会社においても「キャリア自律」は人事のキーワードになっています。キャリア自律を求める方向性は変わりません。仕事基準であれ人基準であれ、もう会社が社員のキャリアをまるまる背負うことは難しくなっています。

ジョブ型への関心の高まりやキャリア自律促進の流れの中で、異動配置のやり方も変化し

図表10　社内公募とFA制度、自己申告制度の違い

	現在の部署から転出したい／させたい	異動先候補の選択	異動可否決定
社内公募	本人選択	オープンポジションから本人選択	部門判断
FA制度	本人選択	人事部または部門判断	本人選択
自己申告	本人選択	本人選択	人事部または部門判断
通常異動	人事部または部門判断	人事部または部門判断	人事部または部門判断

出所）　筆者作成

つつあります。これまでは人事異動といえば会社主導・会社命令が当たり前でしたが、今後はそうとも言えないかもしれません。個人希望の異動が注目されています。

「手挙げ」の異動、使える社内公募と使えない社内公募

個人希望の異動は、「手挙げ」の異動と呼ばれます。文字通り、自分の意志で手を挙げるからですね。おそらく、社内公募制を頭に浮かべる人が多いと思います。そのほかには次項で取り上げるフリーエージェント（FA）制度などもあります。念のため、それらの違いを整理しておきます。

図表10の横軸に「現在の部署から転出したい／させたい」という項目があります。会社主導の通

常異動は、人事部や各部門が異動候補者を決めますが、手挙げの異動は自分で手を挙げて転出意志を表明できます。「手挙げ」たる所以です。

社内公募制度は、公募されている仕事（オープンポジション）に応募して異動するものです。キャリア採用の社内版です。皆さんにとって「使える」社内公募制なのかそうでないのかは、次の３つのポイントで見分けることができます。

①応募は人事部直通か？

社内公募は社内向けの求人に応募し、募集元の部門と面接して異動可否が決まります。上司を通さずに自分の意志だけで応募でき、合格の場合には現所属部門は異動拒否できないというのが基本です。大手企業を対象にしたヒアリング調査では、応募経路はみな人事部直通でした。キャリア採用の社内版ですから、当然ですよね。

ところが驚いたことに、従業員３００人以上の会社を対象にした調査（「一般社員層の異動配置Ｗｅｂアンケート調査」）では、そうではないという会社が、なんと45％もありました。社内公募制を導入している会社が55・７％で、そのうち、応募に当たって「所属部門の上司の許可や推薦を得る必要がある」という会社が半数近くもあったのです。いくら社内版転職とはいえ、転職の応募に当たって現在の上司の承諾を得なければ応募できないようでは「エセ社内公募制」と言わざるを得ません。本来的な社内公募制の普及率はまだ25％程度にすぎないということです。

なぜ、人事部はこのような条件を付けたくなるのか。そのヒミツは次の一般的ポジションの公募の有無と関係しています。

②「一般的ポジション」の公募があるか？

一口に社内公募といっても、どんなポジションを公募しているかに着目しましょう。比較的多いのが、オープンポジションが新規事業などに限られている会社です。新規事業の社内公募は、たいていの場合、募集スペックが高めになります。それに、新規事業ですから、そもそも自社にいないタイプの人材を自社内で探そうとしているという面もあって、結局、適材が見つからずに外部採用することにしたというオチがついたりします。誤解を恐れずに言えば、新規事業ポジションへの応募は、多くのミドルパフォーマーには少々ハードルが高いかもしれません。

実際にチャンスを活かしやすいという観点からすると、新規事業よりも一般的ポジションの社内公募があるかどうかのほうが肝心です。一般的ポジションとは、既存事業の営業職などを指します。実は、一般的ポジションを本格的に社内公募するかどうかについては、関心はあるけれどもなかなか踏み切れないという会社が多いのが現状です。

その理由は各社に共通しています。どの会社にも人気の部署とそうでない部署、人気の職種とそうでない職種があるものです。社内公募を行うと、たいてい、社員の手挙げは不人気部署から人気部署への一方通行になりがちです。人事部は転出部署の欠員補充を心配して、一般的ポジションの社内公募を大々的に行うことをためらうわけです。これは人事部にとっては、本気でキャリア自律支援を行おうとしているかどうかの踏み絵のひとつだと言えるかもしれません。

③オープンポジション数はどれくらいか？

辞令が発行されるものを人事異動と捉えると、ヒアリング調査では、年間で社員数（総合職）の約2割が異動するという結果でした。中には組織名称が変わっただけのものなどもあって、実質的な異動数を把握することは難しいのですが、それらを差し引くと2割弱ということになりそうです。

異動する人のうちの2〜3割が社内公募で異動するとしたら、つまり、年間で社員数の5％程度のオープンポジションがあれば、その会社はかなり手挙げに力を入れている会社だと言えそうです。

フリーエージェント（FA）制度

社内公募制度に比べると普及度が低いですが、FA制度はおもしろい仕組みです。どこがおもしろいのかと言うと、それは「異動先候補」の選択です。FA制度は、FA宣言をした社員を迎え入れたい部署があれば、それを本人にオファーして合意すれば異動が決まるというものです。異動先は、その人にどの部署が関心を持つか次第です。もしかすると、本人が想像もしていなかった部署からオファーがあるかもしれないですね。

キャリア理論に「計画的偶発性理論」というものがあります。これはスタンフォード大学のジョン・D・クランボルツ教授らが提唱した理論で、個人のキャリアの8割は予想しない偶然の出来事によって決まるので、その機会をどう作り出したり活用したりするかが大切だというものです（かく言う筆者自身の経験に照らしても、この理論はその通りと納得するところが多々あります。この話の続きは「あとがきに代えて」をご覧ください）。

さて、ＦＡ制度は権利取得条件が厳しくてミドルパフォーマーは活用できないというイメージがあるかもしれませんが、そうではない会社もあります。ＦＡ制度の利用であなたにも思わぬ出会いが生まれるかもしれません。自社にＦＡ制度があれば、手を挙げてみるのもよいと思います。

「オープンポジションは新規事業に限定して、既存事業の人事異動はＦＡ制度だけでやっている。入社2年未満や休職中の人を除くなどの条件はあるが、基本的に全社員が権利を持っている」（情報通信業人事部）

また、ＦＡ制度といってもオファーを待つということではなく、商品分野や職種などの希望を明らかにしたうえで権利行使を宣言する仕組みのほうが多いようです。やはり、皆さんにもキャリアを考えるうえで外したくない軸があるのではないでしょうか。

ここで思い出したエピソードがあります。次に紹介するＣＤＰ（キャリア開発計画、Career development program）の話です。

ホンダのユニークだったCDPの話

筆者が昔、電機メーカーの人事部に勤めていた頃の話です。上司からＣＤＰについて事例を調べて提案してほしいという宿題をもらいました。CDPは当時の人事の最先端トピックスのひとつでした。当時というのは筆者が20代半ば、いまから40年近く昔の話で、もちろんインターネットなどありません。どうやって調べたらよいかもわからず、途方に暮れたことを覚えています。

さて、その調査で最も印象に残ったものが、本田技研工業の事例です。CDPというとキャリア目標に向けて今の仕事の次はこの仕事、その次はあの仕事というように具体的なポジションを想定した中長期の異動配置計画を立てるというような話をする会社が多かったのですが、ホンダは違いました。「そんな計画を作っても、その通りに動かせない」というのです。

ホンダの考え方は実践的でした。ホンダのCDPは、X・Y・Zの3つの軸に個人別に優先度をつけて、10年間でその軸のどれかを2回変更するというものでした。「X軸＝製品、Y軸＝職種、Z軸＝地域」です（もしかすると、X軸が職種で、Y軸が製品だったかもしれません。何分、昔のことで記憶が少々あいまいです）。

たとえば、Aさんの優先順位は「①は職種で営業企画、②は製品で二輪車、③が地域」、つまり、「営業企画にこだわりたい。できれば二輪車担当で、場所は国内外どこでもOK」、

Bさんは①地域、②製品、③職種で、「海外で自動車関係の仕事を希望。営業でもそれ以外でも構わない」というキャリア希望です。会社はそれをできるだけ尊重して、10年間で2回のローテーションを行うという考え方でした。「それくらい柔軟なものでなければ運用できない」との言葉が強く印象に残っています。今日でもそのまま通用する素晴らしい枠組みだと思います。皆さんも自分のキャリアを考える時に、ぜひXYZの優先順位をつけて考えてみることをお勧めします。

余談ですが、一連の異動配置のヒアリング調査ではホンダにもご協力いただきました。今ではCDPでX軸Y軸Z軸という言葉は使っておらず、全社ベースでは明確にそのような方針を打ち出しているわけではないとのことでした。もはや制度というかたちではなく、考え方のベースとしてしっかり浸透しているということなのかもしれません。

4章

人事のからくり②
管理職になれる人、なれない人、なりたくない人

山田さんの同期の佐藤さんは昇進志向の強い人です。新入社員の時から、早く管理職になって課長・部長と昇進して、いずれは役員になりたいと思っていました。20代の頃は「そのためには頑張って仕事をして実績を挙げることだ」とシンプルに考えていたのですが、30代半ばになってあらためて具体的に課長昇進を意識しはじめると、いろいろと疑問が湧いてきます。

「資格等級は昇格のための人事評価成績や推薦基準が公開されているし、昇格試験のことも人事制度ハンドブックに載っている。けれど、どうしたら課長になれるのかはどこにも書いていないし、人事部から一度も説明されたことはないなぁ……」

そうなんです。資格等級は「人事処遇制度」なので、きちんと体系化されたルールがあります。「人事制度ハンドブック」や「人事制度の手引き」などを社員に配って、詳しく説明するのが普通です。

しかし、たいていの場合、それらに管理職登用のことはほとんど書いてありません。職能型の制度の場合は「管理職はM‐3級以上の資格者の中から登用されます」、ジョブ型の制度の場合は「管理職に登用されるとポジションごとに定められたジョブグレードが付与されます」というようなことが書いてあるだけで、それらを読んでも、どうしたら管理職になれるのかはわかりません。

ちなみに、佐藤さんの直属上司の田中課長は50歳です。役職定年（会社が定めた年齢で役職ポストから外れる制度）は57歳なので、あと7年あります。

「きっと課長ポストが空かないと、課長になれないんだよね。もし田中課長が部長にならないとすると、役職定年を迎える7年後まで待たなければいけないのかも……」

さて、これは佐藤さんの杞憂《きゆう》なのでしょうか。それとも、一種の上司ガチャなのでしょうか？

4章では、管理職の登用や役職離任について見ていきましょう。なお、本章で扱う「管理職」とは、広い意味での管理職待遇の人たちということではなく、組織の長を務めているライン管理職のことを指しています。

同期のうち管理職になれるのは何割か？

皆さんが管理職になりたいかどうかは一旦おいておくとして、同期の総合職社員のうち何割が課長になっているのでしょうか。実はその結果は会社によってさまざまで、「2割以下」「3割以下」「5割以上」「7割以上」という回答が、いずれもおよそ4分の1ずつでした（「管理職の異動配置調査」）。一概に、総合職であれば全員が管理職候補者だとは言えませんし、逆に、選び抜かれた人しか管理職になれないかというと、そうとも言えません。まさに会社によっていろいろなのですが、総合職の管理職登用の考え方は、おおむね次の3つに分かれています。

タイプ①「総合職＝管理職要員」と考える会社

基本的に、総合職全員にマネジメントを担うことを期待しているタイプの会社です。総合職の半数以上が課長になる会社が5割近くあるので、このタイプに近い会社も少なくないということです。

「まずは課長に登用できる資格等級に上がれるように、1人の落伍者も出さないようなきめ細かい教育をしている」
（運輸業人事部）

「6〜7割が課長になっている。総合職は管理職になるのが基本という考え方なので、8〜9割にしていきたい。ただしジェネラリストということではなく営業系、管理系、企画系、戦略系などの専門性を持つ管理職にしていく」
（小売業人事部）

「年次管理をしており、管理職層への昇格率が累計70％になるようにコントロールしている。管理職層になると事務系はだいたいマネジメント職になり、技術系は技術をつきつめる人も多いが、技術系でもほとんどの人は一度はライン課長を経験する」

（輸送用機器メーカー人事部）

タイプ②「選抜や昇進トーナメントの結果」と考える会社

管理職として適性がある人、あるいは、これまで優秀な実績を挙げている人を選んで、それらの人を管理職ポストに就けていこうとする会社です。このタイプの場合は、そもそも総合職全員が管理職になることが望ましいというような考え方ではなく、はじめから社員同士の内部競争を前提にしています。


「管理職比率25％を目安にしており、それを守っている。課長になれる割合は約3割」

（食品メーカー人事部）


「採用数が多いということもあるが、同期入社で課長になるのは1割程度。競争が厳しい」

（建設業人事部）

タイプ③「ポストの空き状況次第」と考える会社

理屈上は、課の数とライン管理職としての課長の数は一致します。課の数しか、課長はいらないのです。課長を務める能力がある人が100人いても、課が90しかなければ、課長になるのは90人だけです。逆に、課が110あれば、不足する10人の課長をなんとかして確保する必要があります。部長が課長を兼務する、キャリア採用する、あるいは、少し力不足だと思っても登用してしまうなどです。能力があっても課長になれなかったり、力不足でも登用されたりすることがあります。所詮はポストの空き状況次第ということで、相対基準で割り切って考えるタイプの会社もあります。

皆さんの会社は①~③のどのタイプでしょうか? それは比較的簡単に見分けがつくはずです。同期の半数以上が課長になっているようならタイプ①、選ばれた優秀層が課長になっているようであればタイプ②です。そして、昇進の早さが優秀者かそうでないかではなく、部門によっていろいろあるように見える場合はタイプ③かもしれません。

さて、タイプ①②であっても、必ず半数以上が課長になれる、優秀者は課長になれるというわけではありません。同じ会社の中でも、急成長中でポストが増え続けている事業部と、逆に業績不振で組織が縮小している事業部とでは、昇進チャンスや昇進スピードが異なってきます。程度問題ではありますが、タイプ③のようにポストの空き状況に左右されるのです。各事業部内の労務構成も影響します。

その意味では管理職登用機会については、配属ガチャ的な側面を否定し切れません。

もし、「管理職になること」そのものが目的・目標であるとしたら、実績を挙げるべく頑張る、能力開発に努めるという正攻法に加えて、登用機会が多い職場への異動や転職を視野に入れるという考え方もありえます。ただし、その前に、**自分にとって「管理職になることそのものが最優先事項なのかどうか、それをもう一度じっくり考えたほうがいいかもしれません。おそらく、長期的なキャリアの観点では、管理職であることよりもしっかりとした専門性を持っていることのほうが重要**です。

管理職のキャリア採用

新入社員から管理職になる人もいれば、他社から一般社員として転職してきて管理職になる人も珍しくありません。両方とも自社の社員からの管理職登用ですから、内部昇進です。それでは最初から管理職としてキャリア採用される人はどれくらいいるでしょうか。

全体では６割の会社が管理職のキャリア採用を行うという回答でしたが、条件付きのものが少なくありません。管理職のキャリア採用を行う会社のうち、財務・法務・ＩＲなど管理部門に限定する会社が２割、同じく新規事業・ＤＸ部門に限定する会社も２割あります。また、採用後すぐに管理職ポストに登用するのではなく、数ヵ月から１年ほど様子を見てからという会社が４分の１ほどあります。幅広くさまざまな職種について管理職キャリア採用を行うという会社は、思いのほか少ないようです。

「毎年のキャリア採用のうち15％程度が管理職層の採用だが、入社時点からいきなりライン課長になることはほとんどない。まず一旦担当課長になる。担当課長からライン課長になるタイミングは人事部では決めておらず、部門に任せている」

（輸送用機器メーカー人事部）

職種別に見ると、財務・法務・ＩＲなどは他社でも一般的に通用する専門職種ですし、新規事業やＤＸはそもそも自社に人材がいないということでキャリア採用の対象になりやすいと言えます。一方で、営業職は管理職の採用をしないという会社が多くありました。俗に「営業職はつぶしが利く」と言われたりしますが、管理職についてはそうでもないかもしれません。特に、営業課長ポジションで採用するという会社は、ほとんどありませんでした。

営業は同業種であってもそれぞれの会社で特徴やこだわりがあることもありますが、社内に課長候補の母集団となる層が比較的厚いことなどが理由です。また、「営業課長は採用しないが、営業部長は採用する」という声があったことも印象的です。実務寄りの課長は内部昇進のほうがいいけれども、部長は外部から採用して、改革をスピーディに実行したいとのことでした。

「営業系は管理職の中途採用はやっていない。スピードを重視する社風なので、社風についていけるか、まずはプレーヤーを経験して慣れていただくことが必要」

（建設業人事部）

全体ではこのような状況でしたが、ジョブ型の人事制度の会社は職能型の会社よりもキャリア採用に積極的です。幅広い職種で管理職のキャリア採用を行う会社が4割で、大半が観察期間を設けずに採用後すぐに管理職登用するかたちです。

「課長、部長のキャリア入社もある。課長相当以上は役割等級制度になっていて、職務に照らして明確に登用判断している」

（電気機器メーカー人事部）

「優秀な人材を採用しようとすると、それなりの役職を用意しなければ採用できない」

（医薬品メーカー人事部）

一方、一般社員層のキャリア採用は常識化していると言ってよさそうです。一昔前であればまったくキャリア採用を行っていなかった会社や新卒の就職人気ランキング上位常連会社も、キャリア採用を普通に行うようになっています。新卒時に希望の会社に就職できなくても、リベンジのチャンスがある時代になっています。

「課長のうちキャリア採用者は約2割だが、最初から課長として採用した人はほとんどいない。ここ10年ほど10月入社というかたちで毎年キャリア採用している。ターゲットは社会人歴3年目から課長になる手前くらいまでの人」（運輸業人事部）

課長登用の適齢期

さて、本題の内部昇進の話に戻りましょう。

課長の登用年齢を調べてみると、「標準40歳、早い人は35歳」が相場でした。職能型の会社もジョブ型の会社も変わりません。

実は、**課長登用には「適齢期」があります。適齢期から外れると課長になりにくくなる**のです。中には、一定年齢以上は課長になれない会社もあります。この年齢以上は課長に登用しないという上限年齢を決めている会社が20％あるのです。その上限年齢は、50代後半の会社と40代前半の会社とに大別できます。50代後半に設定している会社は、定年や役職定年まで間もない人を登用しても活躍できる期間が短すぎると考えている会社です。一方、40代前半の会社は、課長という仕事に年齢的な「旬」があると考える会社です。**管理職の登用と離任についての年齢をどう捉えているかは、それぞれの会社の人事の考え方を知る重要なポイント**です。

また、登用年齢の前倒し策を行ったり予定したりしている会社が15％あり、管理職を「若返り」させていこうという志向が見られます。

「長い間、若手を積極的に管理職登用しようとしてきた。課長登用は、早い人で33歳。最も遅くて40歳。部長の登用は50歳まで」
（電気機器メーカー人事部）

「課長の昇進年齢は最短35歳くらいだったが、一気に30歳くらいにしようとしている。部長の最年少は42～43歳。今後は30代後半くらいまで早めたいと考えている」
（小売業人事部）

「だいたい35歳くらいで課長になっており、一番早いと32～33歳。年次管理を行っているわけではないが、管理職登用は若い人材にシフトしていて、30後半以降の者が課長になるのは厳しくなってきている」
（医薬品メーカー人事部）

管理職を目指す人は課長登用の「適齢期」を意識する必要がありそうです。「働く1万人成長実態調査（2017）」では、3章で紹介したように「出世したい」ビジネスパーソンと「出世したいとは思わない」ビジネスパーソンの割合が、42・5歳を境に逆転しています。42・5歳がキャリア観のターニングポイントになっているわけですが、40代前半をすぎると「出世したいと思ってもできない」実態があります。

もちろん「年齢は気にしない」という会社もあります。ジョブ型の会社と実力主義の会社です。ジョブ型でも、中には年次管理を行う会社もあったりしますが、基本的に職能型の会社とは役職登用や離任の考え方が異なります。その違いについては、後ほど「課長登用は誰が決めているのか？」の項であらためて説明します。実力主義のほうは、実績主義と言い換えてもいいかもしれません。営業組織では実績比較での勝ち上がり登用方式が、しばしば見られます。

「役割基準の人事制度なので、部門から出てくる登用案に対して、人事部は横串で見た時の役割の大きさなどの公正感を見て、意見する。課長登用の条件は、基本はジョブディスクリプションに見合うかどうかだけ。年齢はまったく気にしておらず、標準というものはない。50代後半で課長になる人もおり、役職定年もない」（電気機器メーカー人事部）

「成績を挙げている人が正義という風土で、管理職登用年齢は気にしていない。基本的に業績次第」
（建設業人事部）

抜擢人事の実態は？

年齢という意味では「抜擢」も気になります。「抜擢あり」という会社が8割を超えます。

「抜擢」を『広辞苑』で引くと「多くの中から特に引き抜いて登用すること」とのことで、国語的には必ずしも若い人を登用するという意味合いではないようです。しかし、ほとんどの会社の人事部は、若い人を登用することを抜擢と呼んでいます。

では、何歳であれば若いのかというと、その解釈は会社によって異なっていて、①自社の平均的な登用年齢より若い、②人事制度で定められているルールよりも若い、③過去の最若年登用実績より若いか同程度という捉え方です。いずれも「自社としては若い」ということです。

「第1選抜から第7選抜まで年次管理をしており、制度的には第1選抜より早いゼロ選抜というものがあるが、総合職での運用実績はほぼない。実際には第1選抜～第3選抜ぐらいが抜擢のイメージ」
（輸送用機器メーカー人事部）

「ジョブ型を導入して抜擢が出てきた。抜擢は、職能等級時代は最速の昇格年次が決まっていたが、それを超えるスピードで課長、部長になること。課長で37〜38歳、部長で42〜43歳くらい。そのほか、役職2ランクアップの飛び級が抜擢」（情報通信業人事部）

「まだ管理職試験を受けていない人を登用する抜擢制度がある。管理職試験は最速35〜36歳で受験できるが、抜擢だと32〜33歳で登用される。多くは部門からの推薦を経営判断するかたち」（化学メーカー人事部）

一方で、「抜擢なし」という会社は、若い人を登用しないのかというと必ずしもそうではありません。若い人をどんどん登用している会社も多く含まれています。それらの会社は、もともと年齢にこだわらない制度になっていてルール通り運用しているだけなので、若い人が登用されても特別なことだという認識がないのです。むしろ、「抜擢あり」と回答している会社よりもダイナミックで先進的だとも言えそうです。抜擢を気にするということは、全体的には年功序列色が濃い昇進運用になっているということの裏返しなのかもしれません。

「平均より5歳くらい若く昇進する人もいるが、すべて個別判断で実力をふまえて上げているので、とくに抜擢という考え方があるわけではない」（機械メーカー人事部）

「課長については平均40歳のところを35歳で登用されても、ずっと評価が高かったからということで特別に抜擢という印象ではない」

（医薬品メーカー人事部）

「抜擢というほど大胆なことはできていない。そもそも年齢に関係なく、できる人が上がるという文化があるので、役割基準で割り切って登用している」

（電気メーカー人事部）

若年登用以外では、「特定ポジションへの登用」を挙げる会社が2割、「女性登用」を挙げる会社が1割ありました。特定ポジションについては、営業主体の会社は営業部門から本社部門への登用を抜擢と考える傾向があるようです。抜擢としては、こちらのほうが辞書的な意味に近いかもしれませんね。

「抜擢は営業で顕著な業績を挙げた人を早く昇進させる場合と、本社部門へ異動させる場合の2パターン」

（卸売業人事部）

「若くして登用というのもあるが、ポジションを変更して異なる部署のキーマンに据えることを抜擢と言っている。たとえば、新規ポジションへの登用や、営業から人事の管理職に持ってくるなど。この経験でこの人材が育つのだろうなという観点で行っている」

（製造業人事部）

また、女性登用については「ポジティブアクション」を抜擢と捉えるかどうかは別にしても、積極的に登用していこうと考える会社が増えていきます。女性管理職はどの会社も明らかに不足していて、今後さらにポジティブアクションが拡大していきそうです。

「女性登用の枠がある。新卒入社時の適性検査結果をもとに、2～3年目から課長早期育成ルートに乗せるパターンもある」
（小売業人事部）

「女性登用を意識しているが事業部門からはなかなか推薦が上がってこず、人事部主導で優先的に登用している。ルール上は管理職層相当の等級から課長登用するが、女性の場合はその下の等級から登用することがある。女性枠を設けているわけではないが、枠を設けても埋め切れない状況」
（医薬品メーカー人事部）

課長登用は誰が決めているのか？

ここまで、管理職になるのは何割くらいなのか、そして、何歳くらいなのかということを見てきました。次に、管理職を誰がどうやって選んでいるのかを見てみましょう。

2章「御社の人事部は何してる？」で一般社員層の異動配置は誰が決めているのかを見てきました。一般社員層については人事部が異動案を作る会社は少数派で、各部門で決める会社が多いという実態でしたが、管理職の登用はどうでしょうか？

課長登用については、8割の会社が誰をどこの課長にするかを「部門主導」で起案してい

図表 11　課長登用は誰が決めているのか？

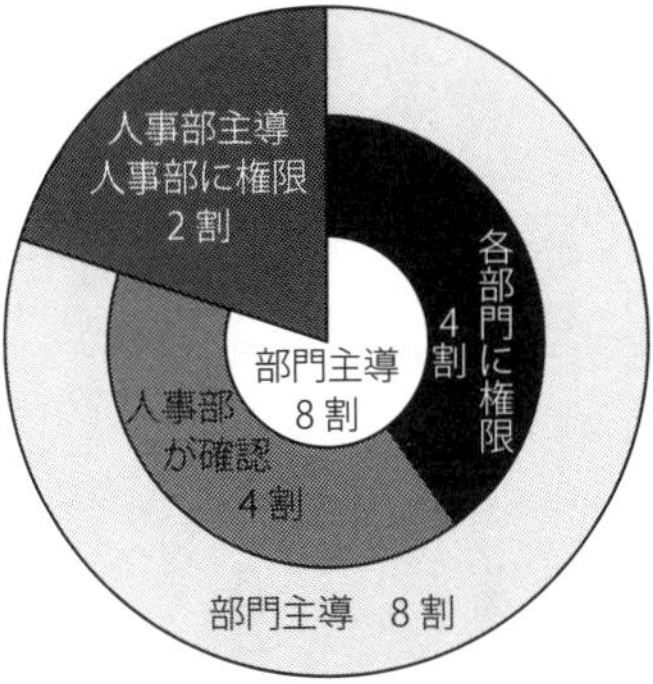

出所）「管理職の異動配置に関する実態調査（2022）」一部修正

ます（**図表11**）。「各部門に権限」があり、ほぼ各部門の裁量で課長登用できる会社が約4割あります。そして、各部門主導でも「人事部が確認」する会社が約4割です。2章で見た通り、一般社員層では「各部門が人事異動案を作り、ほぼ各部門で完結する」会社が約7割でしたから、似たような傾向です。部門主導の会社が8割という面では、むしろ、一般社員層の異動よりも課長登用のほうが各部門の影響度が大きいようにも見えます。

しかし、本当に部門主導なのかというと、その答えはYESでもありNOでもあります。管理職の登用は一般社員の異動配置よりも事業推進上の影響が大きいことは言うまでもありません。それゆえ、誰をどこの管理職にしたいかについては、一般社員の異動以上に各部門の意向が強く働きます。その意味ではYESです。

別の側面では、一般社員から管理職への昇進は役割が変わるというだけでなく、社内におけるステイタスや処遇も大きく変わります。人事部としては、単純に部門任せにはしにくいところです。そのため、各部門主導であっても「人事部が確認」する会社が4割、もともと「人事部に権限」がある会社が2割あります。つまり、6割の会社は、管理職登用に人事部が直接的に関与するわけです。

もう少し細かく見ると、「各部門に権限」がある会社が4割ですが、その中には職能型の会社とジョブ型の会社があります。職能型の人事制度の場合は「資格先行」といって、管理職相当の資格に昇格している人の中から管理職を登用します。資格昇格の際には人事部が主導権を持って全社横串で昇格審査を行いますから、登用の人選の前にすでに人事部のチェックが入っているわけです。「各部門に権限」がある会社4割の内訳は職能型が3割、ジョブ型が1割です。つまり、資格昇格審査を含めると、課長登用に人事部が何かしら関与する会社が9割ということです。その意味ではNOだと言えます。

また、人事部に権限がある場合でも、全面的な権限を持って課長を登用する会社は少なく、たいていは各部門と連携して行っています。典型的なコメントを載せておきます。

「昇進は部門と人事部の協議で決める。部門がやや強いが、人事部が横串で判断することもある。部門は業績中心で人を見ているので、人事部はマネジメントできるか、視座はどうかなどを面接で見ている」
（金融業人事部）

「課長以上については各部門の推薦を人事部が中心となって調整し、取締役会で承認する。適性検査などの結果を見て問題があると判断した場合などは人事がＮＧを出すこともある」
（医薬品メーカー人事部）

管理職は不足している

ここまで見てきて、「管理職になるのは難しそうだなぁ」と感じたかもしれません。しかし、必ずしもそうとも言えない状況があります。管理職ポストの充足度合いと管理職になりたい人の数を見ると、管理職が不足している会社も多いようなのです。

皆さんの会社にも、複数の管理職ポストを兼務している人がいると思います。兼務にはタテとヨコがあって、「営業部長（兼）営業第二課長」のように上位者が傘下の組織の管理職を兼ねるものが「タテ兼務」、「営業第一課長（兼）営業第二課長」のように同格の組織の管理職を兼ねるものが「ヨコ兼務」です。ほとんどすべての会社にタテ兼務があり、兼務理由の約8割は人材不足です。ヨコ勤務はレアケースです。

「タテ兼務はあるが、ヨコ兼務はない。タテ兼務は専任の管理職をアサインできず、やむを得ず発生しているもので、任期は設けていない」（機械メーカー人事部）

「課長ポストは4分の1が兼務になっており、課題だと感じている。権限委譲が進んでいない証しだと考えている。長く兼務になっているポストもある」（電気機器メーカー人事部）

「一時的に課長がいない場合に部長が兼務するなど下位組織を兼務することはあるが、同一階層の組織を兼務することはない。会社としてはマネジメントの目線が下がるので、兼務はあまり認めたくない。兼務を認める場合には半年または1年の期限をつける。兼務期限は若手育成に向けてのメッセージでもある」（卸売業人事部）

ちなみに、人材不足以外のほかには、コスト、機能、対外対応などの理由で兼務を置くケースも2割ほどあります。

「組織編制は小規模拠点でも大規模拠点と同じかたちになっているが、小規模拠点では人件費コストの観点から、拠点長が傘下の組織の長を兼ねることになる」（小売業人事部）

「組織は分かれているほうがやりやすいが、管理職は一人が担当するほうがいい場合、たとえば、機能は同じだが商品で組織を分けたいなど、積極的に兼務にしている場合もある」

（製造業人事部）

「営業の引継ぎのタイミングでお客様に丁寧に対応していることをアピールしたい、開発組織と現場組織を兼務することで開発に注力していることをアピールしたいなど、一定の兼務ニーズがある」

（情報通信業人事部）

「管理職が育休をとる場合などは、たいてい復帰するまでのつなぎとして上司が兼任することになる」

（医薬品メーカー人事部）

このような兼務もありますが、兼務の8割は人材不足によるものです。

管理職不足の一因としては、バブル崩壊後の採用者数が極端に少なく労務構成がワイングラス型になっているという話とともに、そもそも管理職を目指す人が少なすぎるという見方もできるかもしれません。とくに、若い人の中では、管理職になりたいと思っている人はそれほど多くありません。

2022年の調査（パーソル総合研究所「女性活躍推進に関する定量調査」）では、20〜30代の男性のうち管理職意向を持つ人は独身者で24・5%、既婚者は子供の有無によって多少異なりますが三十数%ほどですから、独身者の4人に1人、既婚者の3人に1人といったところです。女性の場合は既婚未婚によらず15%前後、6〜7人に1人という状況です（図表

図表12　管理職意向（管理職になりたい）

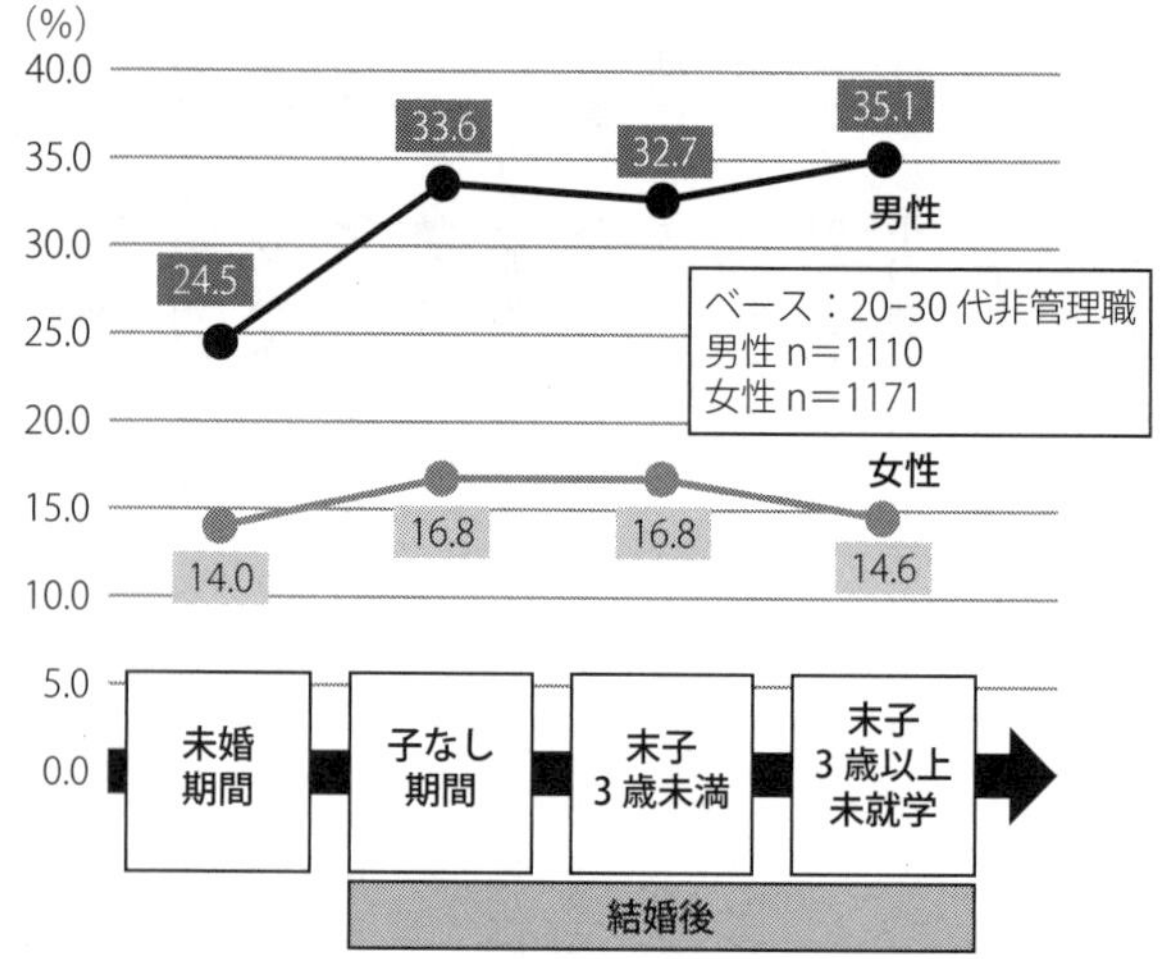

出所）　パーソル総合研究所「女性活躍推進に関する定量調査」

12）。

　単純に比較はできませんが、前掲の「同期のうち管理職になれるのは何割か？」というところから見ると、この管理職になりたい人たちだけでは母数が十分ではないように見えます。もし、**皆さんが管理職になりたいのであれば、あなたが管理職を目指しているという旗印を明確にすることが早道**かもしれません。

　「課長、部長になりたくないという社員が増えてきており、管理職をやりたいという自律的な気持ちを大事にしていきたいと考えている。今は管理職ポジションの公募は行っていないが、今後検討する必要性を感じている」

（建設業人事部）

「万年課長」は立派なキャリア

さて、課長登用については、昇進確率は会社によってさまざまでしたが、年齢的には「標準40歳、早い人は35歳」という相場観がありました。それでは、課長から部長への昇進はどうでしょうか？

結論から言うと、部長登用は課長登用とは違って昇進確率は総じて低く、昇進年齢は会社によってさまざまです。課長から部長への昇進確率は3分の1以下という会社が95％です。もう少し詳しく言うと1～2割という会社が約7割であり、課長にとって部長昇進は狭き門です。また、昇進年齢は会社によってバラバラで、早ければ30代で部長昇進できるという会社もあれば、早くても40代後半という会社もあり、部長昇進年齢に相場がある感じではありません。部長昇進年齢については、課長をどれくらい経験すべきかという年数で決まっているというよりも、役員登用年齢からの逆算で決まっているようにも見えます。役員登用年齢も、早い会社と遅い会社では大きな開きがあります。

「課長は専門性を持った人材を登用するが、部長は専門性だけではなくジェネラリスト的にマネジメントができる人材でなくては部長になれない。課長から部長に昇進できるのは1割くらい」

（小売業人事部）

「グループ会社での出向ポストも含めて、課長から部長へ昇進できるのは10～20％程度。部長昇進は課長から10年程度で、早くて50歳くらい。必ずしも課長昇進が早い人が部長に早くなるわけではない」

（運輸業人事部）

各社コメントにあるように、課長の延長線上に部長昇進があるわけではありません。**課長として優秀であることと、部長に昇進できるかどうかは別の話です。**課長として専門能力と業績が優れていても、だからと言ってほとんどの課長は部長に昇進するわけではなく、そのまま役職定年や定年まで課長を続けるほうが普通なのです。課長としての優秀さと、部長の登用基準とは別ものです。しかし、**課長としての役割を果たし続けることができてこその「万年課長」ですから、万年課長は誇るべき立派なキャリアです。**

部長から役員への登用も同様で、言うまでもなく万年部長も立派なキャリアです。

課長は同一ポジションを何年担当する？

課長昇進が40歳前後で役職定年や定年まで課長を続けるとすると、十数年から20年ほど課

図表13　課長の同一ポスト在任年数

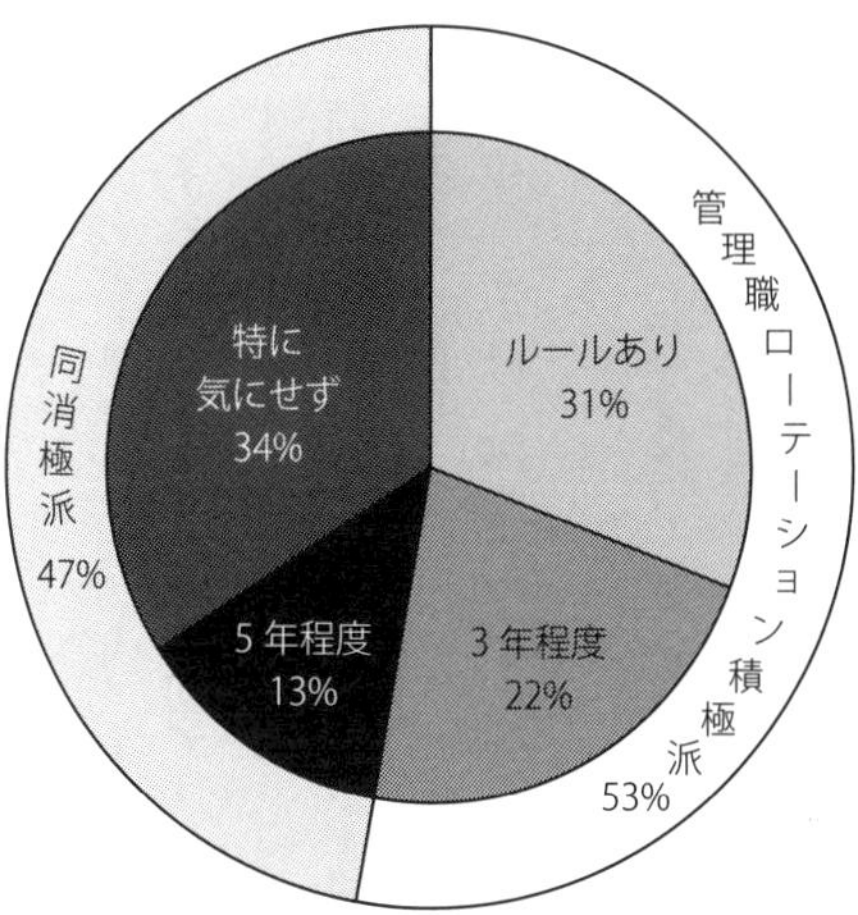

出所）「管理職の異動配置に関する実態調査（2022）」

長を務めることになります。課長になる人は、会社勤めのほぼ半分の年月を課長として過ごす人が多いということです。

そこで、課長の同一ポスト在任年数を調べてみました（**図表13**）、課長を意図的にローテーションする会社と、そうでない会社があります。

まず、同一ポジション在任年数の「ルールを決めている」会社が約3割です。ルールを決める理由は、コンプライアンス、本人と後継者の育成、組織活性化の観点です。かっちりとした役職任期制をとっている場合もあります。

そして、実態として、つまり結果的に「3年程度」という会社が約2割、「5年程

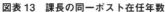

度」という会社が1割強です。そのほか、「とくに気にせず」という会社が3割強でした。興味深いことに3年程度の会社と5年程度の会社では、コメント内容がかなり異なっています。

「ライン長はルールでは5年を目安にしている。5年で異動する人が90％。同じ人がずっとマネジメントをするのは適切ではない。後継者育成のためという理由」（輸送用機器メーカー人事部）

「同一ポストの在籍はだいたい2～4年、平均で3年くらい。ルールとしては同一ポスト4年在籍で部門にワーニングを出し、5年以上はNGとしている。これは異動配置としての全社ルールで、部門や役職に関わりなくそうしている」

（卸売業人事部）

実態として3年程度という会社は、全員一律に3年で異動させるというわけではありませんが、課長本人に焦点を当てて、ある頻度で管理職であっても育成的ローテーションや組織活性化のための異動を行うべきだという考え方が強いようです。

「明確な期限はないが、だいたい3～4年くらい。課長・部長も育成対象なので、ある程度の期間が経てば次へ異動する。ポジションとしての『ありき』ではないが、人の成長を

考えると、特に一定の年齢以下は5年未満で回していくほうがいい」（情報通信業人事部）

実態として5年程度という会社は、課長本人よりも組織に焦点を当てています。組織改編があればそれに伴って管理職も異動するけれども、組織改編がなく、本人が課長として機能しているのであれば、とくに在任年数にはこだわらないという考え方です。中には同一ポジションを10年以上担当している人も多いという会社もありましたが、たいていはある頻度で大規模組織改編があるので、課長生活の中で何度かは異動があるということになります。その結果が、平均5年ということなのです。

「一律何年で交代するというものではないが、だいたい4〜5年くらいでフルモデルチェンジ並みにフォーメーションを見直している」（電気機器メーカー人事部）

「組織改編が多いので、実態としては3年以上ほぼ同じ業務を担当しているという人は少ないかもしれない。ローテーションを行うというより、組織の見直しにともなって異動するというイメージ」（化学メーカー人事部）

「とくに気にせず」という会社の考え方は、「5年程度」の会社と同じです。

もう一度図表13をご覧ください。「ルールあり」と「3年程度」で5割強、「5年程度」と「特に気にせず」で5割弱ですから、ほぼ半々です。前者は、管理職であっても育成のための異動が必要だと考える会社、後者は機能しているのであれば必要ないと考える会社です。会社によって、管理職の異動に関する考え方が真っ二つに分かれているのです。

普通に考えると、前者は職能的、後者はジョブ型的な考え方だと思われますが、実際に職能型の会社とジョブ型の会社に分けて調べてみても結果はどちらもほとんど変わりませんでした。

ひとつには、ジョブ型といっても、まだ導入後1～2年という会社が多いので、在任期間に差が出てくるまでタイムラグがあるのではないかという事情が考えられます。しかし、実際のヒアリングからは、別の状況も浮かび上がってきました。それは、ジョブ型でも管理職の育成ローテーションが必要だと考えている会社があり、職能型でも管理職のローテーションは部門ニーズ次第だと考える会社があるということです。この人事制度と異動配置方針とのねじれ現象は、今後も人事部の悩みどころになりそうです。

さて、基本的に管理職はあまり異動がないタイプの会社であっても、経営環境が変わり戦略が変われば組織編制も変わります。組織編制が変われば、各組織長に求められる役割も変わります。「万年課長」を務めるためには「変化への対応」が欠かせません。結局のところ、働き続けることは学び続けることかもしれませんね。

役職定年制の有無

役職定年制はご存じだと思います。念のため、役職定年は会社を退職する定年とは別ものです。役職定年になっても会社員として定年になるわけではありませんが、役職ポストから降職になります。年齢を理由に外されるわけですから本人には釈然としないものがあるでしょうが、外す会社のほうも同じように思いは複雑です。

図表14　役職定年制の導入状況

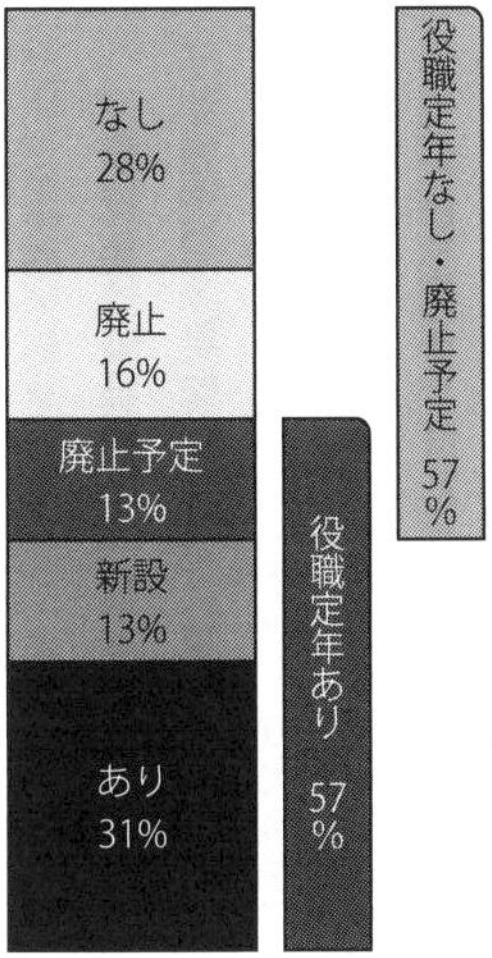

出所）「管理職の異動配置に関する実態調査（2022）」

図表14を見てください。「役職定年あり」の会社が約6割です。ただ、その内訳を見ると、「廃止予定」の会社が1割強、この数年内に「新設」したという会社も1割強含まれています。「役職定年あり」の会社も、決して役

職定年がよい仕組みだと考えているわけではないようです。たいていは、存続と廃止のはざまで社内が揺れています。

「役職定年は課長50歳、部長55歳。年齢基準での降職は人事ポリシーに矛盾しているということで、2年に1回は役職定年について議論が沸き起こっている。メリット・デメリットの両面あるが、まだメリットの大きさが勝っている。役員会で多数決をとると最初は廃止になるが、リアルに分析して運用を詰めていくと、やはり『なくさない』という結論になる。役職定年制度については、今後も2年に1回は議論していくことになると思う」

（情報通信業人事部）

廃止や廃止予定の会社には、人事はエイジフリーやグローバルスタンダードの観点をふまえて個別に是々非々で判断していくべきだという考え方がベースにあると同時に、後継者不足という事情もあります。

「10年ほど前に廃止した。今また新陳代謝や若返りも課題になっており、役職定年の話も出てきている。ただ、問題はむしろ人材不足で、役職定年を作るのはよいが後任はどうするのかと考えると、役職定年には現実味がない」

（情報通信業人事部）

一方で、新たに役職定年制を導入した会社は、たいてい65歳への定年延長絡みです。これまで役職定年がなかった会社が65歳定年延長にともなって旧定年の60歳を役職定年にするパターンが典型的です。中には、もう少し早めの年齢で新陳代謝を促進しようとする例も見られます。

「65歳定年延長にともない、若年登用を考えて今年から新たに役職定年を設けた。定年延長と役職定年はセットで検討した。課長55歳、部長58歳で、２０２５年までは経過措置を設けている」（卸売業人事部）

意味が問われる役職定年制

役職定年年齢は、課長・部長とも「55〜57歳」とする会社が約7割です。役職にかかわらず課長も部長も一律に役職定年年齢を設定している会社が6割、課長より部長のほうが遅いというかたちで役職別に設定する会社が3割です。中には、部長以上だけに役職定年があるという会社もあります。

役職定年は、その年齢になったら離任するという制度ですが、実際にその通りに運用されているかというと、必ずしもそうではありません（**図表15**）。ルール通り「ほぼ例外なし」に運用しているという会社は3割しかありませんでした。

図表15　役職定年に例外はあるか？

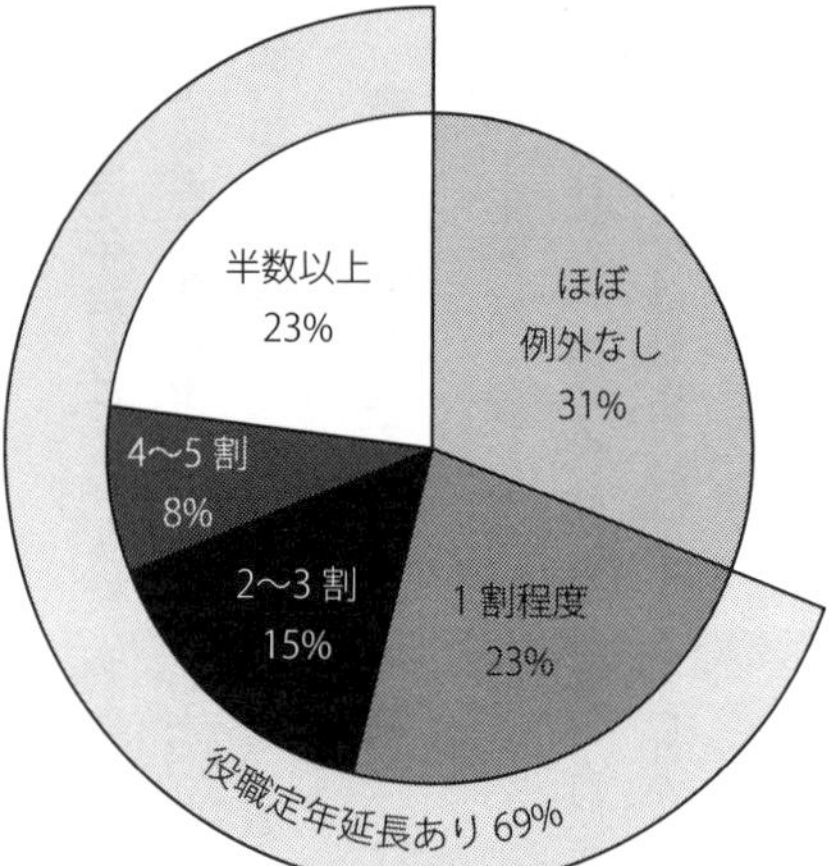

出所）「管理職の異動配置に関する実態調査（2022）」

「1割程度」「2～3割」、役職定年が延長される場合があるという会社が4割弱あります。そして、驚くことに、「4～5割」「半数以上」例外運用があるという会社が3割もあるのです。役職定年を厳しく運用する会社から、非常に緩く運用している会社まで幅があります。

役職定年延長が「1割程度」「2～3割」という会社は、基本的に原則通り運用しようと考えている会社です。メーカーの技術部門にありがちですが、技術系は専門分野が細かく分かれているので、分野によっては後継者がおらず、やむなく例外運用することになるというパターンです。

一方、「4～5割」「半数以上」という会

社は、たいてい、「優秀者は役職定年を延長する場合がある」というようなルールの会社です。その専門分野の後継者がいるかどうかは比較的明確ですが、優秀かどうかというとあいまいなところもあって、運用がだんだんと緩くなりがちです。例外が半数ではもはや「例外」とは言えず、年齢を基準にして外れる制度とは言えなくなってしまいます。

実際には役職定年になっても外れない人も少なくないということが、役職定年を取り巻く状況を複雑にしています。役職定年を維持しようとする会社は原則にこだわり、例外が目立つ会社は制度見直しの方向です。このように役職定年の運用状況は二極化していますが、ある程度の時間軸で見るとエイジフリーで個別判断する方向に動いていくと考えてよさそうです。中には、65歳定年延長にともなって役職定年制を導入する会社もあるでしょうが、それも一時的な現象と言えそうです。

「役職定年は課長57歳、部長59歳。役職定年をデファクトスタンダード（事実上の標準）として、ほぼ例外なくポストオフしている。一旦、管理職から外れて、また管理職に登用されることはまずない。定年を60歳から65歳にするに当たり役職定年についても議論したが、役職定年がないと交代させにくいため、今は継続ということにしている」

（機械メーカー人事部）

「例外適用は1割もいない。代えが利かない人や、期限がわかっている人などが対象。本人たちも『役職定年制度がある』と思っているので、特別な理由がない限りは役職から外す。例外を使うケースは、部長よりも上の役職のほうが多い。余人をもって代えがたい場合や顧客との関係性などが理由」（情報通信業人事部）

「7〜8年前に役職定年制を廃止し、1年任期制にした。55歳で役職定年だったが再任制度があり、ほとんどの人が再任されていた。もともと毎年役職ポストを見直す考え方であり、制度としても1年任期にしようということになった。それ以来、任期制をしっかり運用していこうとしている」（製造業人事部）

まだしばらくは会社によって役職定年制があったりなかったりということでしょうが、おそらく20〜30代の皆さんがシニアになる頃には役職定年制は過去の遺物になっているのではないでしょうか。定年制もなくなっているかもしれませんね。将来に向けては、役職定年や定年を気にするよりも、専門能力向上や健康維持増進に気を配るほうがよさそうです。

5章

人事のからくり③
将来の役員候補　ハイポテンシャル人材の世界

山田さんは、思いもかけず、同期の佐藤さんと同時に昨年課長になりました。この会社では早い昇進です。その佐藤さんからこんな話がありました。「経営塾の課題たいへんだよね。山田さんはいつ呼ばれてるの？」山田さんは初耳です。どうやら、経営塾という12回コースの研修があって、毎月の課題発表ディスカッションには社長も必ず参加するらしいのです。さて、山田さんにも経営塾の案内が来るのでしょうか……。

4章では管理職、いわゆる課長や部長の異動配置を取り上げました。多くの課長にとって部長昇進は狭き門ですし、ましてや役員は……という感じですが、役員の候補者はいつ頃からどう選ばれるのでしょうか。「それは当然、部長になってからの話だろう」と思っていませんか？

同期の新入社員が一斉に横並びでスタートを切って、一般社員→課長→部長→役員と、それぞれの役職階層での出世トーナメントを勝ち上がっていくというイメージは、もう昔の話かもしれません。確かに、内部登用の場合はたいていは部長を経験しないと役員にはなれないでしょうが、役員の候補者は部長になってから決まるのかというと、そうでもなく、**役員候補者は実はもっと早い段階で、極端な場合は新入社員時点で決める会社もある**のです。もしかすると皆さんの会社もそうかもしれません。
5章では、役員候補者選びの世界を覗いてみましょう。

人事部内でもヒミツの世界

経営人材としてのポテンシャルがある人材を早期に見出して育成していくことは、経営の最大関心事のひとつになっています。経営の肝いりで人事部の重点テーマとして取り組んでいる会社は多いのですが、その考え方や枠組みが社員全員に対して大々的に語られることは少ないようです。ましてや、その詳細や実態は人事部内でも一握りの人だけが知り得るブラックボックスになっていて、ヒミツ中のヒミツと言ってもよいかもしれません。
その主な理由は次の2つです。

理由①　対象者がごく少数だから

社員が1万人以上いるような会社でも役員候補者（次世代経営人材）の人材プール（候補者リスト）はせいぜい100人程度で、社員の1％ほどにすぎません。有り体に言えば、おそらくほとんどの人は人材プールに入ることがないからです。ちなみに、部長であれば全員が人材プールに入るというわけではありません。部長の中にも人材プールに入っている人とそうではない人がいるのです。「**ＨＩＰＯ（ハイポ＝ハイポテンシャル）人材**」という言い方がありますが、ＨＩＰＯの中でもとくに優れている人を対象にしようとしています。

理由② モチベーションへの配慮から

人材プールに入らない社員や、一旦人材プールに入ってもそこから外れた人のモチベーションを人事部が気にしているからだと言えそうです。ただ、次世代経営人材のキャリアパスに乗れないからといって、現実問題としてどれだけの人がどの程度モチベーションを下げるでしょうか。皆さんはどう考えますか？　また、皆さんの会社の人事部なら、どう考えるでしょうか？　これは全員が役員をゴールとする出世トーナメントに参加しているという前提で、人事部としては、なるべく本人に勝敗を気付かせずに、できるだけ長い間競争させようという発想に立っている証左と言えそうです。

おそらく今後は、さまざまな領域のプロフェッショナルが尊重され、経営人材もそのひとつだという認識が広がってくるはずです。そうすると、**経営人材への意志と適性がある人材を早期に発掘して育成するという考え方が当たり前**になり、その取り組みもヒミツ中のヒミツというほどではなくなってくるでしょう。もし皆さんがお勤めの会社で、すでに次世代経営人材発掘・育成の枠組みが社内にアナウンスされているのなら、考え方が進んでいる会社だと言えそうです。

会社によってはホームページや統合報告書でサクセッションプラン（後継者計画）の枠組みなどが掲載されているので、見てみるとよいでしょう。社員にはあまり説明されていないことも投資家向けのページには載っていたりします。しっかり確認しておきましょう。

たとえば、筆者が勤務しているパーソルグループのホームページ（https://www.persol-group.co.jp/）を開いてみると、「企業情報」というタグがあり、そこから「ガバナンス・コンプライアンス」＞「コーポレートガバナンス」＞「サクセッションプラン」へと潜っていくことができます。また、「投資家情報」または「サステナビリティ」というタグから「統合報告書」を開くと、「サクセッションプランについて」という項目があります。他の会社のホームページも、ほぼ同様の作りです。

役員候補者はいつ選ばれるのか？

「新入社員の採用段階で、グループ全体のＣｘＯ（ＣＥＯ、ＣＦＯなどの最高責任者）へのポテンシャルが期待できそうな人材には人事部がフラグを立てて、育成対象にしている。その下の各ファンクションの幹部候補者は30代前半くらいで選抜して、人材プールを作っている」

（製造業人事部）

さすがに新卒採用段階で役員候補のフラグを立てる会社は珍しいですが、候補者の年齢層を意識する会社は少なくありません。ヒアリング調査では、役員候補の人材プールを作る会社のうちの半数は、プールに入れる人材の年齢層をコントロールしていました。それらの会社は、だいたい30代半ば前後で次世代経営人材プールを編成する傾向にあります。このタイプの人材プールを「**中長期育成投資型**」と名付けておきます。

「本体の役員やグループ会社の社長に40代前半で就任するとした場合の逆算でプール人材の年齢を考えていて、20代～30代前半の若手ＨＩＰＯ人材をピックアップしている」

（情報通信業人事部）

「経営人材候補は30代半ば～40代半ば。普通に選ぶと50代が多くなるが、人材プールは育成を目的としており、育成の伸びしろを重視して意図的にこの層にしている」

（化学メーカー人事部）

「執行役員は早ければ40代半ばから登用される。人材プールは上級管理職層からではなく、

「初級管理職層の30代半ばの若手を中心に選抜している」

（小売業人事部）

一方、年齢にこだわらないという会社も半数あるわけですが、それらの会社は役員直前の人材層の中から選抜するので、とくに年齢を意識しなくても、人材プールに入る頃にはだいたい50歳前後になってしまっているという構造です。年齢をコントロールする会社の人材プールに比べると、15歳くらい年齢層が上になっています。このタイプの人材プールを「**勝ち上がり型**」と呼んでおきます。

「経営人材候補は40代後半～50代で、上級管理職候補は40代半ばが中心。とくに登用年齢を早めようとはしておらず、年齢は結果論としてそうなっている。経営人材候補の選抜が難しく、40半ばまではトーナメントによる勝ち上がりにせざるを得ない」

（金融業人事部）

「執行役員は50代前半からで、プール人材は40代半ばが中心。経営スピード向上のために若年化させたい思いはある」

（輸送用機器メーカー人事部）

年齢にこだわる会社とこだわらない会社では役員登用年齢の差もありますが、中長期的育成を視野に入れているかどうかが主な違いだと言えます。役員候補といっても、人材プールを早めに編成する会社は、たいていは「経営人材・次世代経営人材・次々世代経営人材」や

「Ready now（すぐに登用可能）、Ready 3-5years（3～5年で登用可能）」というように複数階層の人材プールを作ります。次々世代経営人材プールを作るような会社であれば、30代や20代であっても人材プールに入ることがあるわけです。

役員候補者選びの基準は？

経営人材が役員候補だとした時に、次世代経営人材は部長候補、次々世代経営人材は課長候補だと思っていませんか？　必ずしもそうではないのです。部長は役員の候補で、課長は部長の候補だというのも間違いだとは言えませんが、それは従来の昇進トーナメント発想です。

ここは文字通り、「次世代経営人材」は今すぐではないが次の世代の役員の候補者、「次々世代経営人材」は次の次の世代の役員の候補者という意味で、現在の役職や次の役職とはあまり関係がないのです。たとえば、次世代経営人材をR3‐5、次々世代経営人材をR6‐10などと言い換えるほうが正確に伝わりそうです。つまり、次世代経営人材は3～5年後に役員登用できそうな人、次々世代経営人材は6～10年後に役員登用できそうな人という意味で、あくまで「役員登用できそうかどうか」という観点なのです。

では、役員登用できそうな人を選ぶ基準は何でしょうか。

調査の結果、プール人材を選ぶ時に最も優先するものとして、半数の会社が「これまでの実績」を挙げ、それ以外では「上司の推薦」と「将来性」を挙げた会社が約4分の1ずつでした。これは、次世代人材選びの難しさを表していると言えそうです。

それぞれ詳しく見ていきましょう。

①これまでの実績

事実は強いということでしょう。とくに勝ち上がり型人材プールでは実績偏重になりすぎないように、将来性の評価をどう織り込むかが課題です。「優れた実績」を前提条件にするかどうかは議論が分かれています。


「やはりこれまでの業績やキャリアは、選抜基準として外せない」

（多くの会社の人事部）


「ポテンシャル×パフォーマンスの4象限で考えた場合、ポテンシャルはあるがパフォーマンスが今ひとつの人材は、救えない感がある」

（金融業人事部）


「若手のプール人材はトップ1％ほどの圧倒的実績の者が多いが、中にはそれ以外の者もおり、人事ヒアリングなどでの定性情報をもとにピックアップしている」

（情報通信業人事部）

②上司の推薦

上司の推薦は、会社が部門判断をどの程度尊重するかという指標でもあります。ここで言う上司とは、たいていは各部門の担当役員です。推薦は将来性の観点もふまえた審査になり得るものですが、推薦者個人の思惑が強く反映されます。また、各部門のサクセッションプラン（ポジションとの紐付きが強い後継者計画）的な色彩が強くなります。各部門権限が強い会社は、推薦を重視するかたちになりがちです。

「各部門が重要ポジションのサクセッサーを推薦してきて、基本的に横串の全社調整は行わずに各部門推薦をもって人材プールとしている。最終的には、人材委員会で社長を交えてプール人材を確認している」

（卸売業人事部）

「事業責任者が推薦した者を人材委員会で確認するかたちだ。委員会のメンバーは全取締役と役付執行役員の合計十数名」

（電気機器メーカー人事部）

③将来性

中長期育成投資型人材プールの場合は、候補者としての将来性を判断したいという意向が強くなります。将来性をどう判断するかについては、コンピテンシー（ハイパフォーマーの能力、行動特性）基準などに照らして社内で判断するやり方と外部の適性検査などのアセスメントを使うやり方に大別できます。将来性の社内判断を優先順位1位として挙げた会社は全体の約4分の1でしたが、アセスメント結果を1位とした会社はありませんでした。アセスメントは選抜用ではなく配置に活用したいという会社のほうが多い状況です。

「将来性については人材要件、バリュー、コンピテンシーを定めており、社内評価で判断している」（食品メーカー人事部）

「ローテーションを通じて長期間かつ複数の上司によってしっかり観察できている。また、人材委員会で各人のポテンシャルをディスカッションして判断している」（運輸業人事部）

「昨年から本格的にアセスメントを始めた。現在の選抜基準は業績と推薦重視になっていて、ややもすると推薦の声の大きさに引きずられがちになる。客観データをどこまで信用するか、まだ踏ん切りがついていない面もあるが、先に向けては将来性とアセスメントを中心にしたい。アセスメントの結果が出揃うことによって、明確に選抜できるようになる

ことを期待している」（金融業人事部）

人材委員会

これまでの人事部コメントの中で、「人材委員会」という言葉が出てきました。これは経営人材の発掘・育成に向けて社内的に設置しているもので、コーポレートガバナンス強化のための「指名委員会（株主総会に提出する取締役の選任、解任に関する内容を決定する委員会）」とは別ものです。

実際には、会社によって人財コミッティ、人材開発委員会、人事企画委員会、配置検討委員会、全社人材共有ミーティング、グローバル人事委員会、タレントマネジメント委員会など、いろいろな名前がついていますが、本書ではひとまとめに人材委員会と呼んでおきます。

ヒアリング調査では6割強の会社が人材委員会を設置しており、そこで人材プールの更新やプール人材一人ひとりの育成方針の決定などを行っています。もう少し詳しく、人材委員会の中身を見てみましょう。

委員会のメンバー構成

どの会社も社長がメンバーに入っています。人数的には全役員＋αの十数名くらいをメンバーとする比較的多人数な委員会の会社が約６割、社長と一部役員の数名程度の会社が４割です。上司推薦でプール人材を選ぶ会社は、全役員参加の多人数型委員会を設置する傾向があります。各部門から推薦された人材の情報を全役員で共有しようということでしょう。

プール人材

委員会の個別審議対象になるプール人材は、だいたい数十名から１００名程度。委員会を作る会社は、プール人材の育成方針・育成状況を個別にきちんと把握しようとしています。次世代経営人材、次々世代経営人材をどこまで俎上《そじょう》に載せるかということにもよりますが、経営トップを含む委員会が個別把握する人数規模は各社ともそれくらいと見てよさそうです。

「委員会メンバーは経営会議メンバーと同じで会長・社長も参加しており、プール人材約１００名を個別に認知できている。プール人材のポテンシャルを個別に議論し、毎年、人材プールの見直しを行っている」

（輸送機器メーカー人事部）

「委員会ではＨＩＰＯ人材の中からさらに絞り込んだＶＩＰ人材と、女性登用が優先課題のひとつになっているので女性のＨＩＰＯ人材、合計約百名を対象に個別にレビューしている」

（化学メーカー人事部）

女性活躍推進

右記の化学メーカーのコメントを補足しておきます。

ＳＤＧｓの観点から多くの会社が女性活躍推進に本腰を入れて取り組んでいます。とくにグローバル展開の会社は外国の会社と横並びで比較されるのでなおさらです。メーカーの場合は、そもそも女性社員が少ないことも珍しくありません。ここ10年ほど新卒採用の女性比率を上げて女性社員を増やしてきて、社員全体での男女構成比は改善されてきた会社も多いのですが、まだ管理職登用するには若く、ましてや役員候補者は極めて少ないのが現状です。

右記の例もそのパターンです。この会社は人材プールの中を各人のポテンシャルに応じて「FastTrack（昇進を早くする者）／ＨＩＰＯ（さらに能力が高い者）／ＶＩＰ（さらに能力が高い者）」の3つに区分しています。人材委員会はＶＩＰ人材を審議対象にしているのですが、女性活躍推進の観点から、女性についてはＶＩＰ人材だけでなくＨＩＰＯ人材まで枠を広げて審議対象にしているということです。いわゆるポジティブアクションです。同様の対応をしている会社は珍しくありません。

配置の検討

人材委員会は人材プールの更新、すなわち、プール人材の決定や人材情報の共有を行っているわけですが、最大の役割は個別育成方針の決定だと言えそうです。育成方針とは、最終的にどのポジションに向けて育成するか、そのために次に何を担当させるかという配置の検討です。人材委員会にずばりそのまま「配置検討委員会」という名前を付けている会社もあるほどです。皆さんも「タフアサインメント」という言葉を聞いたことがあると思います。「ストレッチアサインメント」や「修羅場経験」とも言います。ステップアップのためにあえて難しい仕事に挑戦させるわけです。

人材委員会でも抱え込みの問題が起こります。人材委員会の審議対象になるような人はエース中のエースですから、当然です。人材委員会を社長ほか数人の少人数で構成する場合は、実際に部門横断的なアサインメントを決めることに重点を置く傾向があるようです。

「親会社役員とグループ会社社長、人事担当役員が参加して、年1回人事委員会を開催している。各社のプール人材リストと育成状況を確認して、グループ横断配置を検討している」

（食品メーカー人事部）

「委員会には毎回、各部門から他部門への人材輩出度合いのグラフを提示してプレッシャーをかけており、だんだんプール人材の部門間異動ができるようになってきた」

（化学メーカー人事部）

中には、トップダウンで人事権を行使する会社もあります。

「数年前から、執行役員候補は他部門経験を必須としていて、異動経験がない人は他部門へ異動させる方針にしている」

（運輸業人事部）

「プール人材の抱え込みは認めない。人材プールに入るといずれ異動することになる、異動を拒否すると以降の昇進機会が失われるということを、人材プールに入れる際に候補者の上司に明示している」

（小売業人事部）

選抜教育

もちろん、プール人材の育成はタフアサインメントだけではありません。次世代経営人材として選抜された人たちへの教育だけあって、多くの会社が充実したメニューを用意しています。

「人材プールの中の優秀層に対して社長塾、外部研修派遣、ストレッチアサインメント、さらに一部の者に対してエグゼクティブコーチングを行っている。通常業務の中では磨きにくいコンピテンシーを360度評価で洗い出して、それらの教育を通じてコンピテンシー開発を行っている。MBAコース派遣はもっと若手を対象にしている」

（化学メーカー人事部）

「次世代経営人材には役員によるコーチング、アセスメント、社外コース派遣など、いろいろ行っている。次々世代の若手ハイパフォーマーへの選抜研修なども実施」

（金融業人事部）

「プール人材一律の社長塾のようなかたちではなく、各人それぞれの強み弱みに応じた個別の研修の組み合わせになっている。MBA派遣はプール人材より若手の層を対象にしている」

（食品メーカー人事部）

これらは、プール人材に対して特別な研修を行うパターンですが、選抜研修と言っても、研修のキャパシティの都合で優秀層から順番に受講させる場合もあります。選抜研修に呼ばれたからといって必ずしも人材プールに入っているとは限りませんが、順番方式の場合は数日の研修が数回程度のものが多いようです。プール人材向けのものは、1年以上に及ぶものも珍しくありません。

冒頭の佐藤さんが参加している経営塾研修は、毎月開催の12回コースで毎回社長が参加するプログラムですから、おそらくプール人材向けのものです。しかし、どうやら佐藤さんは自分が次世代経営人材のプールに入っていることを認識していないようですね。

本人はわかっているのか?

佐藤さんは人材プールにエントリーされたことを伝えられていないのでしょうか?

実は、本人に明確に通知する会社は3割ほどしかありません。つまり、経営塾のような選抜研修に召集されても、なぜ呼ばれているのか、受講者に真の意図が理解されていないかもしれないのです。明確に通知しなくても、たびたび研修に呼ばれたり、課題を与えられたりするわけですから、隠していてもある程度は伝わるはずです。上司や同僚も佐藤さんは何だか研修が多いなぁと不思議に思うはずです。

それなのに、なぜ明確に伝えないのか、人事部の言い分を聞いてみましょう。

「世間での開示方向は承知しているが、プールから外れた時の本人のモチベーションや年次管理の慣行を配慮して本人には通知していない。役員から開示しないでほしいという要請もある」

(金融業人事部)

「そもそも次世代経営人材育成の枠組みや人材プールの存在が社員に開示されていない」（卸売業人事部）

確かに、4分の3の会社では人材プールは毎年更新されますし、現状では、枠組みもヒミツの世界にしている会社が多いわけですが、どう見ても、本人通知しないやり方には無理がありそうです。プールに入ると、タフアサインメントや研修などで、これまで以上に仕事がらみの負荷が大きくなります。それを乗り切るには経営人材へ向けた本人のコミットメントや覚悟が必要です。

今日では、経営職は「経営の専門職」であって、「知らず知らずのうちに経営職になっていた」というものではなく、「意志と適性がある者に専門的トレーニングを施して育成する」という考え方です。やはり、人材プールに入れる際には経営職に向けての本人の意思を確認する方向になっていくでしょう。

このように経営職を「経営の専門職」だと捉えると、経営職は皆さんが目指すべき唯一絶対のゴールというわけではなく、キャリアの選択肢のひとつにすぎないということになります。中には、次世代経営人材の候補に挙がっても、技術やマーケティングなど、それぞれの専門性を追いかけたいという人もいるかもしれません。それはそれで、それぞれの個人の選択です。**今後は、さまざまな専門分野のプロフェッショナルの多様なキャリアを尊重する方向に進んでいく**ように思います。

さて、どうやら佐藤さんは次世代経営人材プールに入って念願の昇進ルートに乗り始めたようですが、山田さんはどうでしょうか。これまでのところ、経営塾研修へのお誘いはないようです。仮に、山田さんが役員を目指しているとしても、それほどがっかりする必要はありません。必ずしも人材プールに入っていなければ昇進できないというわけではないからです。たいていの会社では、人材プールに入って部門横断的なローテーションを経験しながら役員になる人もいれば、部門内での昇進トーナメントを勝ち上がって役員になる人もいます。事業部門の執行役員では、後者も少なくないでしょう。

ここでなにより大切なことは、山田さんが何を目指していきたいかです。経営者に向けて昇進可能性を追いかけたいならそれもよし、別の途を目指すならそれもまたよしです。これまでの印象では、山田さんはそれほど昇進志向が強い人には見えません。山田さん自身の「タレント」を活かすゴールを見つけることです。

このあたりで、そろそろ「タレントマネジメント」の話をしたほうがよさそうです。6章に行きましょう。

6章

人事のからくり④

キャリア形成の鍵・タレントマネジメント入門

タレントマネジメントとは何か？

いきなりタレントマネジメントと言われても、「聞いたことないよ。それって芸能人のマネージャーの仕事のことかな」と思った人がほとんどなのではないでしょうか。人事分野に詳しい人以外には、タレントマネジメントはなじみがない言葉かもしれません。

「タレントマネジメント」は「人事ガチャの秘密」を解き明かすカギです。

2002年に刊行された『ウォー・フォー・タレント』（マッキンゼー・アンド・カンパニー監訳、翔泳社刊）によってタレントマネジメントが注目されました。同書では、戦略事業をリードする有能人材を確保することが企業競争力の源泉だと説いています。それ以降、タレントマネジメントの定義についてはさまざまな考え方が提唱されており、諸説あってなかなかすっきりしません。そこで、本書では筆者なりに2つ定義しておきます。

①キーワードは経営戦略

定義①「経営戦略推進に向けて、各ポジションに最適なタレント（才能）を確保するマネジメント施策」

まずは、『ウォー・フォー・タレント』に近い定義です。各ポジションに必要な人材を社内外から広くサーチして調達するということです。社外からのスカウトなども視野に入ります。ここでは、「経営戦略」という言葉がキーワードになります。タレントマネジメントにとっては、経営戦略に適合するものが正解だという考え方なのです。

たとえば、社内で研究開発担当役員に最も相応しい能力を持つ人は、Aさんだとします。ただ、Aさんはまだ課長になったばかりの35歳で、ほかの役員はみんな部長、本部長として実績を積み上げてきた50歳すぎの人たちばかりです。従来の人事の発想からすると「さすがに役員には早すぎるので、とりあえず人事制度の範囲内でなるべく早く部長に昇進させよう」などということになりますが、Aさんが最適人材であるならば、タレントマネジメント的にはAさんの研究開発担当役員への抜擢が正解です。

もちろん、著しく社内バランスを欠くことは確かなので、Aさんが本来の力を発揮できるように、経営陣がきちんと組織的にサポートすることが前提です。

また近頃では、新卒の新入社員に年収1000万円というような記事を見かけることがあります。これも同じような理由で、経営戦略推進上必要で合理的なのであれば、タレントマネジメント的には正解です。

「戦略人事」という言葉があります。これは、人事そのものに戦略があるというより、経営戦略に適合する人事が戦略人事だという考え方です。その意味で、タレントマネジメントは戦略人事の中核を成すものだといえます。

経営戦略推進上の必要に照らした人材確保という意味では、優先順位があります。会社としては、その優先順位に沿ってタレントマネジメントを進めていくことになります。

ヒアリング調査で、過去3年間と今後3年間のタレントマネジメントの優先テーマを尋ねたところ、いずれも「次世代経営人材の発掘・育成」が1位でした。これは『ウォー・フォー・タレント』の時代から変わっていません。ただ、次世代経営人材については、今後も最優先テーマであることには違いないものの、すでに10年以上取り組んでおり、軌道に乗ってきているという声も聞かれます。代わって優先度を上げてきているのが、戦略的なポジションを担当する高度専門人材です。採用市場でDX（デジタル・トランスフォーメーション）人材が奪い合いになっているのは、皆さんもご存じの通りです。まずは、それらの人たちをいかに確保するかが、タレントマネジメントの重大関心事だと言えます。

しかし、タレントマネジメントの対象はそれだけではないのです。定義②を見てください。

②一人ひとりへの着目

定義②「一人ひとりのタレント（才能）を見える化し、経営戦略に沿った最適な活躍場所を提供するマネジメント施策」

次世代経営人材も戦略的ポジション人材も、全社員からするとほんの一握りの人たちにすぎません。とくに、日本の雇用慣行からすると、いま在籍している社員一人ひとりにどう活躍してもらうかという視点は欠かせず、「**全員型タレントマネジメント**」への広がりを見せています。**重要ポジションの「適所適材」と同時に、最大多数の「適材適所」を追求していこうという考え方**です。

まずは、社員各人の能力や適性、職務経歴や今後のキャリアプラン、現在のコンディションなどの人材情報を一元管理して、社内のどこにどんな才能を持つ人がいるのかがわかるようにすることが第一歩です。ちなみに、そのような人材の「見える化」を専門に支援するソフトウェアをタレントマネジメントシステムといって、近年急速に普及してきています。皆さんの会社にも導入されているかもしれませんね。

さて、見える化してどうするのかというと、そのデータをもとに能力開発などを行うわけですが、最大の目的は異動配置への活用です。適材適所、適所適材に役立てようというわけです。

マクロ的には日本は労働力不足です。若者は少なく、Z世代はワークライフインテグレーション（仕事と生活の統合）やパラレルキャリア（本業を持ちながら、第二のキャリアを築くこと）など、自分らしいそれぞれの生き方を大切にする傾向があるなどと言われています。これまで以上に、一人ひとりに着目する時代になったということです。

つまり、**皆さんもタレントマネジメントの対象なのです。**

また、今後は長期就業のシニアが増えます。ジョブ型が注目されていますが、それはマネジメント手法の話であって雇用法制がすぐにアメリカ型に変わるわけではありません。逆に、70歳までの就業確保措置がすでに努力義務化されており、いずれは義務化の流れです。さらに、能力・意欲、働き方、個人事情など、シニアはZ世代以上に個別性が高いとも言えます。

「社員一人ひとりを芸能人の『タレント』のように見たい。何に関心があるか、どういう仕事が楽しかったか、小さい頃何が好きだったかなど、各人の感性に寄り添うことが重要だと考えている」（電気機器メーカー人事部）

タレントマネジメントに関する皆さんの冒頭の感想も、あながち間違いだとは言い切れないかもしれませんね。

御社のタレントマネジメントはどのフェーズ？

タレントマネジメントの取り組みを俯瞰すると、基本的には、最優先の「次世代経営人材」から始まって、次に「戦略的ポジション人材」「多様な人材」へと進んでいきます。こうした取り組みの優先順位は、各社にほぼ共通なのですが、それぞれのテーマへの取り組みスタンスは各社とも同じというわけではありません。**図表16**では、対象者を表すピラミッドの下に、取り組みスタンスを示す縦横2軸のマトリックスを表示しています。では、順番に見てみましょう。

フェーズ①　次世代経営人材の発掘・育成

【縦軸】

次世代経営人材のプールの作り方は、個別のポジションに紐付くサクセッションプランに近いものと、若手ＨＩＰＯ人材の中長期的育成に重点があるものとに分かれます。

サクセッションプラン型の場合は、部門推薦を重視した選抜や、役職階層ごとの勝ち上がり方式での選抜に近いやり方で行われ、プール人材の年齢層も比較的高くなる傾向です。

中長期育成投資型は、次世代経営人材のみならず、次々世代などのプールも作る会社が多く、対象年齢層が若くなるので、アセスメントの活用や人事部が直接ピックアップするケースなどが増えます。サクセッションプラン型よりも中央集権的な運営になる傾向があります。Ready now の人材プール運営は指名委員会（委員会設置会社で取締役の候補を決定する機関）で行い、社内的な取り組みスタンスとして

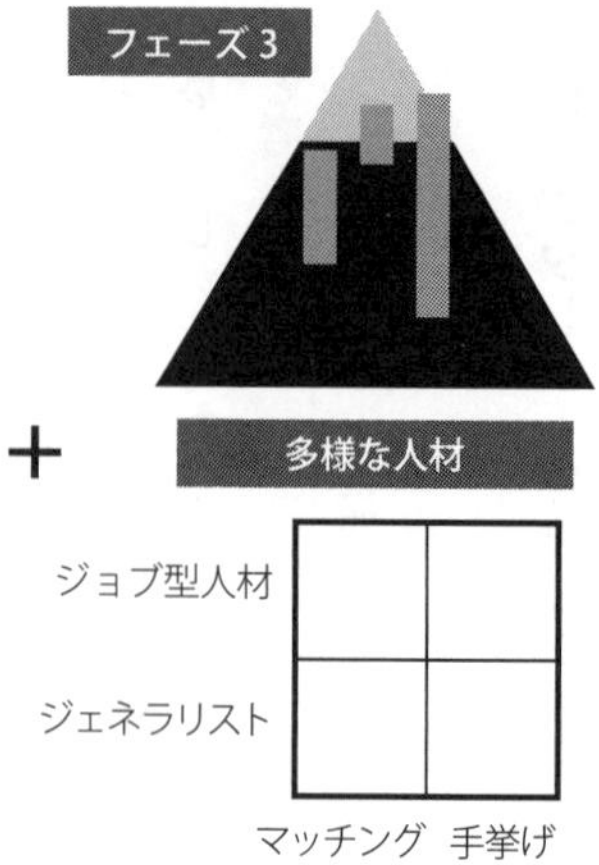

図表16　タレントマネジメント・ポジショニングマップ

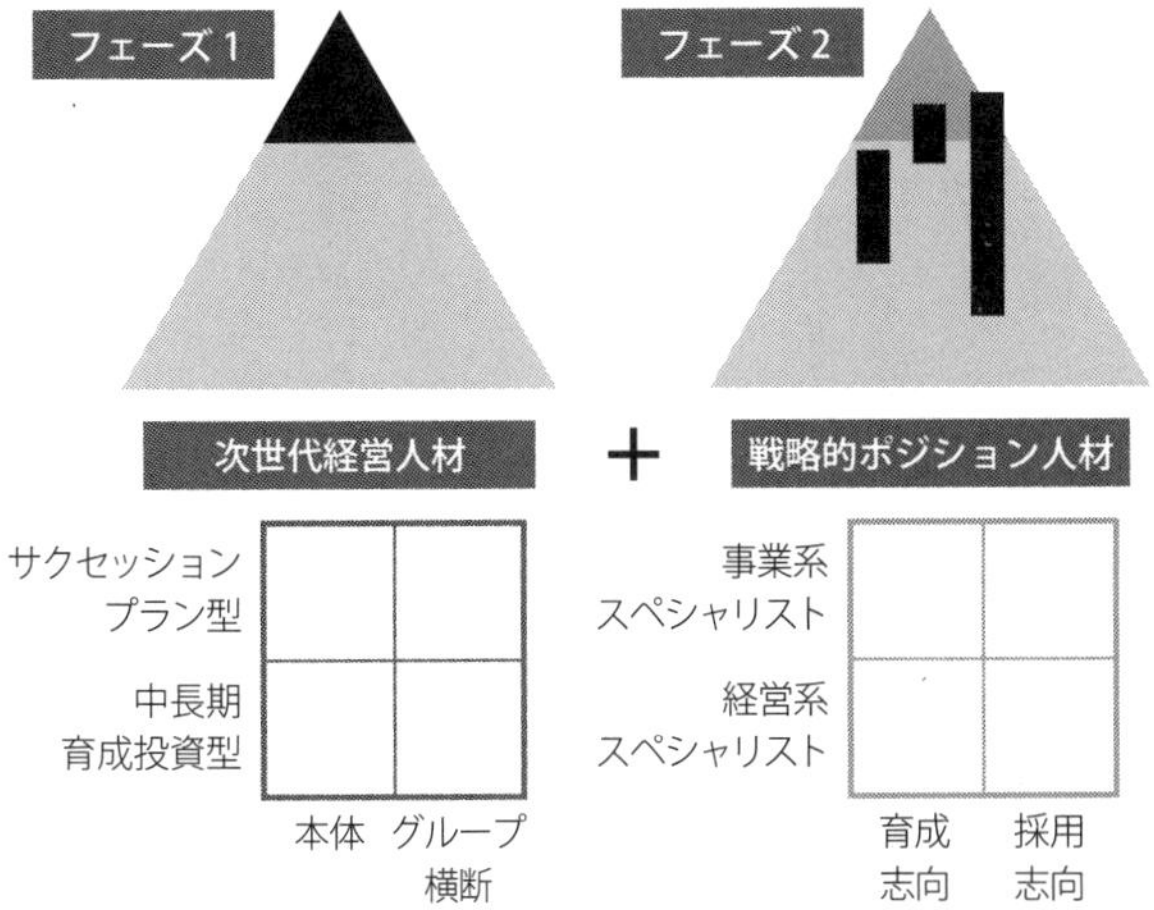

出所）「大手企業のタレントマネジメントに関する実態調査（2020）」

は中長期育成投資型という会社が多くなっています。

【横軸】

グループ経営の会社が増えています。横軸は、グループ経営の会社がグループ横断的に次世代経営人材育成を行うか、会社ごとに個別に行うかです。実は、グループ経営の親会社と子会社とではタレントマネジメントのテーマが大きく異なっています。グループ経営の会社では、グループ全体として経営人材を育成していこうという考え方が強くなってきています。その主導権は、親会社にあります。子会社の場合は、課長・部長といった管理職はともかくとして、経営トップ層の育成は親会社に多くを委ねる会社もあり、タレントマネジメントのテーマとして次世代経営人材の部分がすっぽりと抜け落ちているケースが珍しくありません。

そこで、「タレントマネジメント調査」では、実際にヒアリングした会社の中からグループ経営の親会社だけを抜き出してまとめるかたちをとっています。グループ経営の子会社にお勧めの場合は、自社の役員の出身母体を見てみると、親会社の子会社役員人事に対する基本的スタンスがわかるはずです。

ただ、グループ横断的なタレントマネジメントは、まだ緒についたばかりだとも言えます。それには3つの段階があります。

第1段階は「教育研修」です。親会社主催の教育研修プログラムにグループ会社社員も参加するという取り組みは、幅広く行われています。

第2段階は、「人材交流」です。X社のHIPO人材のXさんをY社へ異動、そして、Y社のYさんをX社へというグループ主要子会社間でのキーパーソンの人材交流です。このクロスアサインが徐々に活発化してきたというあたりが、多くの会社の現状です。

そして、第3段階がグループ会社からの「人材発掘」です。一般に、親会社から子会社に人材を派遣する「天下り」的な配置は珍しくありませんが、親会社の経営人材になれそうなＨＩＰＯ人材を子会社から発掘するという取り組みは、親会社が純持株会社の場合は別ですが、事業会社の場合にはまだほとんど行われていないようです。一口にグループ経営といっても、タレントマネジメントの状況は、グループの形態によってもかなり異なります。

フェーズ②　戦略的ポジション人材の発掘・育成

【縦軸】
必要としている専門職の種類です。事業系と経営系に分けています。

【横軸】
社内育成するか、外部採用するかです。

経営人材に次いで各社が注力度合いを高めているのが、戦略的ポジションを担う高度専門人材です。この戦略的ポジション人材については、各社ともかなり立ち位置が似通っています。近年は、どの会社の中期事業計画を見ても、事業構造改革や新規事業への重点シフトなどが強調されています。そして、必要としている事業系専門職としては、各社とも同じようにＤＸ人材や新規事業企画人材を挙げています。そして、それらは社内にいない種類の人材なのでキャリア採用するしかないということで、ほとんどの会社がマトリックスの右上の「事業系スペシャリスト×採用」の立ち位置にあります。

さらに、各社の取り組みには共通点があります。専門職の処遇制度を見直している会社が多いのです。ＤＸ人材はじめ各社が共通してほしがる高度専門人材は、まさに採用競争の様相を呈しています。まだ社内の処遇体系が管理職中心になっていて、高度専門職採用に対応しにくい会社が少なくありません。高度専門職の採用に当たっては、個別の運用対応ではなく、本格的な制度改革で対応しようとする会社が8割強です。ジョブ型を導入したり、フェロー制度などの専門職制度を見直したりして高度専門職採用競争に対応しようというわけです。

各社とも、戦略的ポジションを担う高度専門職需要が一過性のものではなく、今後も続く増えていくと想定しているからです。各社ともほとんど同じような動きになっています。処遇の受け皿を整えただけでキャリア採用できるということにはならないでしょうが、必要条件になっていると言えそうです。

戦略的ポジションの高度専門職としては、事業系だけでなく経営系スペシャリストを挙げる会社もあります。財務、法務のスペシャリストが典型です。人事を挙げる会社もありました。経営系スペシャリストについては、経営人材と重複するという見方もありますが、今後さらに各分野の専門性が高度化していく一方だということで、スペシャリストとしての需要が増えています。会社によって内部育成中心かキャリア採用か、方針が分かれています。ただ、財務・法務については内部育成方針の場合でも、実質的に職種別採用に近いかたちの新入社員を対象にする傾向です。

フェーズ③　多様な人材の適正配置

【縦軸】

基本的な育成方針がジョブ型的な専門職なのか、ジェネラリストなのかです。


【横軸】

会社主導で人と仕事のマッチングを行うのか、社内公募などの手挙げを中心にするかです。

次世代経営人材のタレントマネジメントは少数精鋭の人材プール編成、そして、戦略的ポジション人材はキャリア採用競争というように、いずれも比較的わかりやすい「型」がありま す。これらの取り組みのバリエーションも各社それぞれというほどではなく、ある範囲内での濃淡の差と言えるかもしれません。

一方、一般社員層や中間管理職層のタレントマネジメントは、本書でずっと見てきたように非常にバリエーションに富んでいます。また、ひとつの会社の中でもこのマトリックスの4象限のすべてを対象者によって使い分けたりしています。次世代経営人材・戦略的ポジション人材のタレントマネジメントと、一般社員層・中間管理職層の「多様な人材」のタレントマネジメントはまったくの別ものと言ってもよいくらいです。タレントマネジメントには、2つの側面があるのです。

社員一人ひとりのタレントを活かす

経営戦略の重要ポジションを担う一握りの人たちだけではなく、全社員一人ひとりのタレント（才能）を把握し、それぞれのタレントをさまざまなポジションで十分に活かす。それが今日的なタレントマネジメントのあり方です（図表17）。

次世代経営人材や戦略的ポジション人材に対するアプローチと、一般社員層や中間管理職層へのアプローチはひとつには括れません。やり方がまったく異なります。前者は、トップダウンで推進する選抜型のタレントマネジメントです。経営や特定専門分野のプロフェッシ

図表17　全員型タレントマネジメントのアプローチ

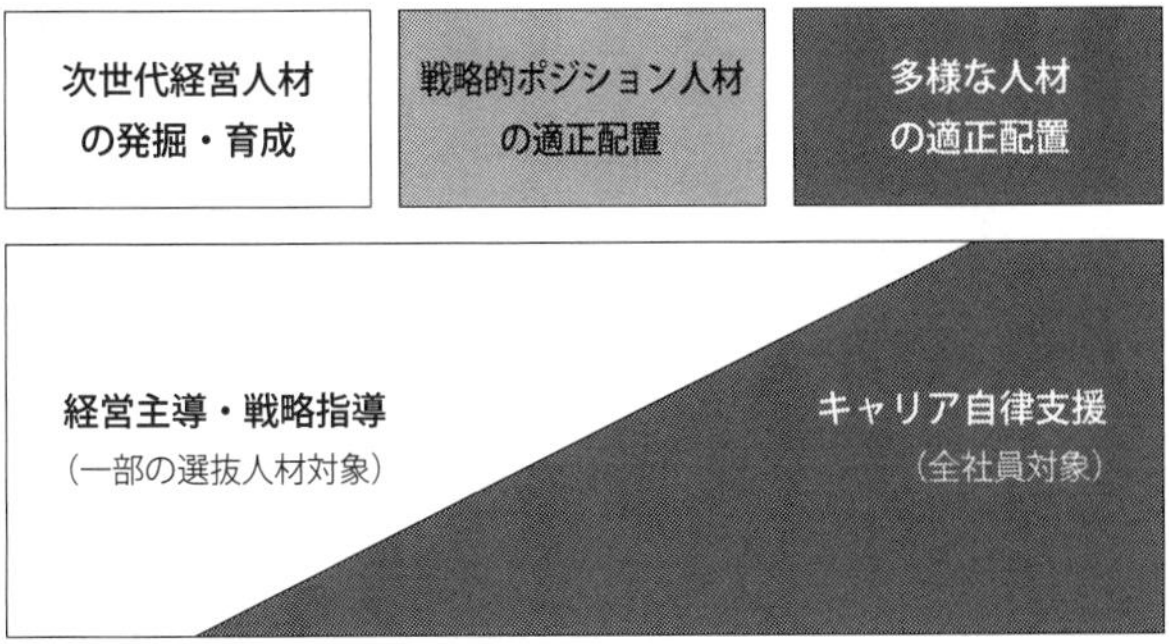

出所）　筆者作成

ョナルという目標にコミットしているという意味では同質性が高い人たちを対象にしています。

一方、一般社員層や中間管理職層は、人によってキャリアステージ、ライフステージは実にさまざまです。ワークライフバランスの考え方も、次世代経営人材や戦略的ポジション人材よりはるかにバリエーションに富んでいます。まさに「多様な人材」で、人数規模も桁違いです。その意味では、こちらのほうが難しいと言えるかもしれません。

かつての日本企業は、総合職として入社した新入社員全員が経営人材候補であり、出世トーナメントに参加するという建前でした。ひとつのゴールを目指すトーナメントですから、ごく一握りの人以外の大多数はどこかの段階で敗戦し、脱落するわけです。ただ、全員型タレントマネジメントの考え方からすると、経営人材や管理職にならなかったとしても、それは「敗戦」ではありません。そもそも、全社員一人ひとりのタレントを活かすという発想ですから、人それぞれ、ゴールがいろいろあるわけです。経営人材を目指すのもひとつのキャリアですが、それは多様な選択肢のひとつにすぎません。

皆さん、今一度あなた自身のキャリアのあり方を考えてみましょう。ステレオタイプに管理職を目指さなくてはならない、昇進昇格できなければ敗北だなどと考える必要はありません。キャリアのあり方に唯一絶対の正解があるわけではないのです。あなた自身が、どう考え、何を望んでいるか次第です。その答えは、あなたの中にあります。むしろ、あなたの中にしかないと言うべきかもしれません。

また、キャリアとは最終的にどこにたどり着いたかということではなく、そこに至るプロセス全体が含まれます。たとえば、山の楽しみ方は頂上を目指す登山だけではありません。トレッキングやハイキングも、負けず劣らず素晴らしいものです。

後は、あなたの希望と会社の要請の折り合いをどのようにつけるのか、そして、あなたが望むキャリアを実現するために「人事ガチャの秘密」をどう活用するかです。

皆さんが自分の道を見つけることを祈ります。

7章　人事ガチャに戸惑うあなたに贈るQ＆A

ここまで年代別の人事異動実態、さらに、管理職やハイポテンシャル人材の登用などを見てきました。ブラックボックスだった「人事ガチャの秘密」ですが、かなり解像度が上がったのではないかと思います。それでもまだ、「自分の場合はどうなんだろう?」と疑問をお持ちの皆さんもいらっしゃるでしょう。

この章では、皆さんの具体的な悩みに対して、本書の知見をふまえたアドバイスを贈りたいと思います。就活生から入社10年目くらいの中堅まで、典型的な悩み事を拾い集めました。年長世代や上司の皆さんにとっては、今どきの若手とどのように接すればいいのか、そのヒントになれれば幸いです。

以下、質問は順不同です。気になる項目があれば、ぜひ覗いてみてください。読者の皆さんのキャリアを豊かにするために、「人事ガチャの秘密」の解き明かし方が役立つことを祈っています。

Q1 就活

就活生です。あまり社交的なタイプではないので営業職には向かないような気がしています。まだ業界ややりたい仕事を絞り込めていません。新人教育がしっかりしている会社がいいと思っています。人材育成に熱心な会社を選ぶコツはありますか。（大学3年生）

A1

就活生の中には、学校教育のように「人材育成＝教育研修」と考えている皆さんも多いようです。「御社の教育体系はどうなっていますか？」というのは、就活生の質問の定番ですから、たいていの会社は採用Ｗｅｂで人材育成に関するページを用意しており、「ＯＪＴ（On-the-Job Training　職場内訓練）を中心として、新入社員研修やリーダー研修などの階層別教育、語学研修など手厚い教育プログラムが整備してあります」というようなことが書いてあります。

「ＯＪＴを中心として」というのは会社側の回答の常套句です。これは、配属先の各部門に任せているので人事部はあまり関知していないとも受け取れます。研修と違ってＯＪＴは、同じ会社の中でも部門によって、また、配属先の上司や先輩によって濃淡が出ることは避けられません。学校で、担任の先生によってクラスの運営や授業のやり方が違うのと同じです。

人材育成では、「70：20：10の法則（人材育成は経験70％、薫陶20％、研修10％だというもの。ロミンガーの法則とも言います）」が知られています。研修よりも上司や先輩からの薫陶、すなわちOJTの影響度が大きく、それ以上に業務経験が重要だというものです。

人材育成に熱心な会社かどうかを知るには、説明会や面接で異動配置方針を尋ねてみましょう。ここまで本書で解説してきた内容をふまえれば、読者の皆さんは会社の人材育成スタンスが自分に合うかどうかを判断できるはずです。また、テレワークの状況も聞いてみるべきです。とくに入社3年目くらいまでについては、テレワーク下でのOJTは限界があるように思います。

ちなみに、もしあなたが起業家志向でしたら、俗に「人材輩出企業」と言われている会社にも注目です。

さて、事務系の人が営業職を避けるとしたら、かなり間口が狭まる恐れがあります。事務系の仕事を大括りに営業系、企画系、管理系に分けると、人数的には営業系が大半を占めるからです。管理系では財務と法務は学生時代にそれなりの専門知識を習得済みであることが望まれます。情報システムは入社してからでも大丈夫です。人事はある面、営業と同じくコミュニケーション能力やプレゼンテーション能力を問われることが多い仕事です。企画系はポテンシャルが高い人材を求める傾向にあります。

そもそもの話としては、具体的に営業職を知ることをお勧めします。営業を単なる「物売り」だと思っていませんか？　営業職は「フロント」と呼ばれることもあります。会社を代表して最前線に立って、顧客と直接向き合うからです。市場の動きをいち早く察知できるのも営業職あればこそ。ゆえに、どの会社でも営業職は最重要職種のひとつなのです。そして、一口に営業職といっても業種業態によって仕事のありようは実にさまざまです。まず、それぞれの会社の営業職について、しっかり調べてみましょう。

Q2 配属ガチャ

新卒でメーカーに就職して、地方の事業所に配属されて3年目です。東京生まれ東京育ち、出身大学も東京です。地方暮らしもそれなりに楽しく、仕事上とくに不満があるわけではないのですが、やはり刺激が少ないのと、このままずっとこの事業所かもしれないと思うと転職を考えたほうがいいかと思ったりしています。

（20代前半）

A2

複数の事業を抱える大規模メーカーの場合、多くの人は最初に配属された事業部門にずっと所属する傾向があります。ましてやカンパニー制（社内分社制）であれば、それぞれのカンパニーは独立会社のようなものですから、基本的にその事業部門で働くということになります。そして、たいてい事業部門と拠点は紐付いています。すなわち、A事業部であれば本部と開発拠点はB県、国内生産拠点はC県とD県、営業拠点は……というかたちです。

技術系の人の場合は、事業部門が決まると実質的に勤務地が1ヵ所に決まるということも珍しくありません。事務系の人であっても、開発拠点内や生産拠点内に職場があったり、頻繁に往訪したりすることも多いでしょう。昇進して本部入りすると、以降ずっとB県勤務ということもあります。

さて、これを「配属ガチャ」と捉えるかどうかは、職種、製品、場所の優先順位をあなたがどう考えるかに左右されます。正解はありません。あなたがどう考えるか次第です。この職種、この製品でキャリアを築いていきたいということであれば勤務地は二の次です。もし、勤務地に優先順位があるのであれば、他事業部門への異動希望を出すことや転職を視野に入れることになりそうです。

希望勤務地の実現可能性は、社内異動よりも転職のほうが高いかもしれません。社内異動の場合は、少なくとも介護や育児、共働きに匹敵するような、人事部を説得できる必然的理由をひねり出す必要があります。それ以前の問題としては、タイミングよく希望勤務地にポジションが空いているかどうかです。基本的に今の会社でやっていきたいという気持ちの場合は、自己申告や社内公募、キャリア面談などの機会を捉えてアピールしていくことになるでしょう。ですが、それにはかなり時間がかかりそうです。正直なところ、実現度も微妙です。

どうしても地理的条件が気になって転職を考える場合、入社3年目は決断のしどころかもしれません。まだ第2新卒の範疇ですから、幅広い選択肢があります。新卒就活時に十分な準備ができていなかった人、やりたいことがよくわかっていなかったという人、一旦就職して会社の見方が変わったという人にはリベンジのチャンスです。タイミングを逃さず思い切って決断することも選択肢です。

ただし、転職応募に際しては、その会社を志望する「勤務地」以外の積極的理由、必然的理由を突き詰めて考えてください。勤務地がここだからという志望動機で総合職を採用する会社はないからです。また、その会社でも転勤があり得ることを忘れずに！

Q3 自己申告

会社の看板事業のA事業部への異動を希望しています。入社時からA事業希望で、配属後も毎年、自己申告書に異動希望を書いているのですが、人事部からは何の反応もありません。社内公募制などもないので、今後もA事業部には移れないのではと思っています。

（20代半ば）

A3

どの会社にも、花形事業や花形職種もあれば、一方で、人気がない事業や職種もあります。一般的にその会社の主力である看板事業は人気がありますし、その事業のカギとなる職種も人気です。就職の際、多くの人はその事業、その職種を希望して採用試験に臨みます。その意味では、あなたは社内でマジョリティに属します。同じことを考えている人は、あなただけではなく大勢いるだろうということです。その意味では、自己申告による異動は競争倍率が高そうです。

主力事業・主力職種が人気だということは、まったく不思議ではありません。所属している事業部門の業績が好調だ、成長しているという場合、仕事のやりがいというだけではなく、処遇上も他の事業部門に比べて有利になることがあります。

たとえば、賞与原資の一部が部門業績に連動するような仕組みは一般的です。全社平均では賞与原資2・5ヵ月のところ、高業績事業部は平均3・0ヵ月になるなどというものです。また、賞与原資は全社一律でも、全社では業績評価の平均点が3・0のところ、高業績事業部は平均3・5点でよいというようなやり方もあります。言わずもがなですが、業績不振の事業部は賞与原資が2・0ヵ月になったり、業績評価平均点が2・5に抑えられたりすることがあるわけです。これらは人事評価・処遇制度としては、よくあるやり方です。

さらに、成長事業は組織も拡大して、ポストも増えます。業績好調なので、高評価の人も少なくありません。新入社員も優先して配属されます。昇進機会も増え、昇進スピードも早めになったりします。

「これぞ配属ガチャ。同じ社員なのに不公平だ!」と思った人もいるでしょう。もしあなたが、総合職を補助する定型業務の担当者なら、文句を言いたくなっても無理はありません。しかし、あなたが総合職だとすると、部門業績への関与度はいかがでしょう? おそらく、入社10年くらいまでの若手の皆さんが、個人として事業や組織に決定的な影響を与えることはないでしょうが、無関係でもないはずです。もし高業績事業部に所属していれば、「うちの事業部はこんなに業績を挙げているのに、頑張って結果を出しても報われない……」と思ったりしませんか？　良くも悪くも、人事部は各部門や個人の貢献に公正に報いるにはどうしたらよいかを考えているものなのです。

そして、少し厳しく聞こえるかもしれませんが、組織人である以上、大前提として所属組織に左右される部分はゼロにはなりません。入社した会社によってビジネス人生や処遇が異なるのと同じです。

また、キャリアを考えるうえで、今現在の主力事業・主力職種に携わることがベストなのかというと、必ずしもそうとは限りません。事業にもライフサイクルがあります。もしかすると現在の主力事業はすでに成熟期にあり、この先、衰退期に向かうだけかもしれません。多くの会社の中期経営計画などでは、事業構造転換や新規事業へのシフトが謳われています。会社方針や市場の変化はつきものです。近視眼的になりすぎるべきではありません。事業の栄枯盛衰を見抜くことは簡単ではないにしても、中長期視点も必要です。

別の観点では、「自分がどの程度、所属組織の業績や将来の方向性に影響を与え得るか」を考えてみるのはどうでしょうか。程度問題ではありますが、自分自身の取り組み相応の影響度を感じることができるか否かです。「やりがい」と言ってもいいかもしれません。それを感じられるのであれば、もう少し今の事業部と付き合ってみるのもいいでしょう。

さて、自己申告の話に戻ると、単に異動希望先としてA事業部の名前を挙げるだけでは不十分です。これは「社内転職活動」なのだと意識して、志望動機と異動したらやりたいこと、できることをしっかりアピールしましょう。自己申告書にはたいてい備考欄のようなものがあるでしょうから、書けと書いてなくてもしっかり書き込んでください。人事部は自己申告書に目を通しています。多少は確率が上がるはずです。

Q4 労務構成

あまり異動がない会社で、入社以来ずっと同じ部署です。5年目になります。課内は先輩ばかりで後輩はいません。担当している仕事があまり変わっておらず、これでは成長できないのではという気がしています。

（20代後半）

新人が配属されておらず、入社5年目で課内の最若手というわけですね。課内の業務分担はどのようなかたちでしょうか。分担のやり方は、垂直分業と水平分業に大別できます。

A4

垂直分業とは、レベル別に仕事を分担するやり方です。たとえば、課長が決めた方針を受けて係長が企画し、具体的な実行計画を立てる。主任はその計画の成否を左右する仕事を担当して、若手は資料作成などで主任をサポートするというようなやり方です。垂直分業の場合、所属組織の労務構成によっては、難易度が高い仕事は先輩社員に独占されて、若手は下積み時代が長く続いてしまうということもないとは言えません。

先輩と後輩との能力差は、たいてい次のようなものです。2年生は1年生より仕事ができる。3年生は2年生より仕事ができる。しかし、5年生は3年生より仕事ができるかというと、必ずしもそうとは限らない。そして10年生と5年生との比較では、もう経験年数は当てになりません。

いくら垂直分業といっても、上流の仕事を任されることもあるのではないかと思いますが、いかがでしょうか？　もし、垂直分業が徹底されていて、新人当時と仕事内容が質的に変わっていないということでしたら、キャリア形成上かなり危機的な状況です。あなたの上司や先輩は、後輩の能力開発をまったく考えていない可能性があります。今すぐにでも仕事の分担について上司や先輩と話し合う、異動希望を出す、場合によっては転職を考える必要もあるかもしれません。

一方、水平分業には機能別分業と並行分業があります。機能別分業は、企画・設計・製造などのようにそれぞれが種類の異なる仕事を担当するやり方です。同じ課の中ということでしたら、たいていは機能別分業ではなく、並行分業になっていると思います。並行分業とは、メンバーが同じ種類の仕事を同時並行的に行うやり方です。顧客別や製品別、テーマ別などで担当が分かれているというパターンです。

水平分業では、先輩も後輩も、根本的に同じ仕事をずっと長く担当することが珍しくありません。ある範囲内とはいえ、ひとまとまりの仕事を担当するので仕事の質を上げていくこともできます。たとえば、同じ営業職といっても担当顧客によって大きく難易度が変わったりします。重要顧客などを任されることもあるはずです。

水平分業であれば、それほど心配することはないかもしれません。とはいえ5年目ですから、難しい仕事へのチャレンジはもちろん、異動も含めて「幅出し」の機会を逃さないことをお勧めします。

Q5 転勤

入社10年目、ずっと営業職です。先日、3回目の転勤の内示がありました。もともと営業職は転勤が多い会社ですが、同じ営業職でも人によって何回も転勤になる人がいたり、まったく転勤がない人がいたりします。自分は転勤組に分類されている気がしています。今回の転勤はできれば断りたいと思っていますが、将来に影響があるでしょうか。

（30代前半）

A5

総合職は転勤が前提という会社でも、実際の転勤の有無や頻度は職種などによってバラつきがあります。営業職は頻繁に転勤がある一方で、技術職はほとんど転勤がないということが珍しくありません。そもそも拠点の数が違います。技術開発職などでは、事業ごとに見ると勤務する可能性がある事業所が1、2ヵ所しかなかったりします。

それに対して、営業職の場合は、全国各地に支店や営業所があったりします。それぞれの営業職が各地に深く根を下ろしていく方針の会社もありますが、さまざまな市場の経験を積んで「幅出し」するために転勤を重視する会社もあります。また、金融系を代表例として、昇進昇格すると、市場規模の大きい拠点に異動して責任権限が大きくなるというローテーションパターンの会社もあります。育成や昇進昇格を転勤に結びつけている会社では、転勤を断ることによる機会損失がないとは言えません。

さて、あなたの問題意識は、技術職との比較ではなく、同じ営業職の中でも転勤する人としない人のバラつきが大きく不公平だというところにありそうです。確かに、転勤命令に対しては3割が拒否意向を持ち、無条件に従う人は4割を下回るという調査結果（一般社員層の異動配置調査WEBアンケート編）が出ています。ヒアリング調査でも、「実態として総合職の中で転勤する人は約1割。特定の人が繰り返し転勤する傾向がある」というコメントもあります。これは、転勤命令に対して交渉する人がそれなりにいて、機会損失のリスクを負う気であれば交渉成立の余地もあるということです。実際に機会損失があるかどうかは、個別にしっかり確かめる必要があります。リスクが低いと判断できれば、転勤を断ることも選択肢のうちです。

全体的には、転勤を取り巻く状況は変化しつつあります。新型コロナ対策でテレワークが広まり、どこでも仕事ができる、ひいては転勤も不要ではないかという議論が出てきています。しかし、もともと転勤が多い会社ほど今後も転勤が必要だと考える傾向があって、すべての会社が転勤をなくそう、減らそうとするわけではなさそうです。

一方で、ワークライフバランス重視の流れは明確です。会社は共働き、子供の教育、親の介護などをはじめとする個人事情への配慮を強めていく傾向です。総合職であっても、個人希望で転勤の有無を選択できる制度を導入する会社やテレワークを定着させる会社は増えていきそうです。

Q6 出向、転籍

グループ会社への出向を命じられました。これまで20代で出向した人はほとんどいなかったようなので少し不安です。人事部からは、キャリアアップのための出向で、3年から5年くらいで帰任できると説明されています。

(20代後半)

A6

念のため、出向と転籍は違います。いずれも社外への人事異動ですが、今の会社に在籍したまま他社へ異動することを「出向(在籍出向)」、今の会社を退職して他社へ異動することを「転籍（転籍出向）」と言います。

転籍は、人事異動といっても転職のようなものです。今の会社の籍を失って別の会社の社員になるわけですから、会社指示だからと言って一方的には実施できず、社員本人の個別同意が必要です。

一方、出向は、社員身分がそのまま維持されるので、就業規則などに「他社に出向させることがある」という規定があれば、基本的に会社命令で実施できます。

あなたの場合、転籍ではなく出向ということなので、少なくとも処遇上は心配する必要はありません。出向元（今の会社）よりも給与水準が低く、労働時間が長い会社へ出向するとしても、出向者の給与は出向元の基準で支払われます。昇給や賞与も出向元基準です。勤務日や始業・終業時刻は出向先に合わせて働くことになるでしょうが、出向元との所定労働時間の差分は時間外勤務として補塡されるはずです。

さて、お金の話はそれでよいとして、問題は出向の意味合いです。かつては、出向というと、出世競争に敗れた人がグループ会社に片道切符で追いやられるというイメージがあったかもしれませんが、今はまったく違います。親会社からの出向でも、グループ会社で十分に活躍できる人しか出向させられない、そうでなければ本体で抱えておくしかないという状況になりつつあります。

むしろ近頃では、グループ会社への出向を、次世代経営人材の育成策として位置付けているることが珍しくありません。若年層のＨＩＰＯ人材に積極的に出向を経験させる会社もあります。親会社にいるよりも、若いうちに責任権限が大きい仕事を経験できたりするからです。育成のためにあえて難易度が高い仕事にチャレンジさせることを、ストレッチアサインメントとかタフアサインメントと言います。

「これまで20代で出向した人はほとんどいなかった」ということからすると、もしかするとあなたは次世代経営人材プールに登録されているＨＩＰＯ人材なのかもしれませんね。事前に出向先でのポジションや期待役割をしっかりと確認して、前向きに受け止めればよいと思います。片道切符の心配も不要でしょう。

ちなみに、出向先は必ずしも資本関係があるグループ会社とは限りません。人材育成を目的として、まったく異なる業種の会社との交換留学的な出向を行っている会社もあります。

いずれにしても、出向をキャリア開発の機会として活用する時代です。

Q7 コース選択

技術職です。管理職相当の資格等級に昇格する時に、管理職か専門職かを選択する制度になっています。自分はマネジメントにはあまり興味がないので専門職コースにしようと思っています。しかし、管理職コースから専門職コースには移れますが、その逆はあまり実例がないようなので、とりあえず管理職コースにしておいたほうがよいでしょうか。

（30代前半）

A7

メーカーやIT企業を中心として、管理職と専門職のコース選択制度がある会社が多くあります。こうした複線型の人事制度はとくに目新しいものではなく、30年以上前からありました。管理職だけではなく、専門職もきちんと処遇していこうという趣旨です。

ただ、これまでは専門職制度がうまく機能している会社は少なかったかもしれません。その主な理由は、管理職クラスのうち「管理職ではない人」を一括りに専門職として扱ってきたからです。管理職ではない人の中には専門能力が高い人もいれば、そうでない人もいます。

その人たちを一括りに専門職と呼んでしまうことで、専門職には「管理職になれない人」「管理職未満」というイメージがつきまとうことになってしまった面もあります。

　しかし、その流れは変わってきています。定年延長や管理職志向の若年層の減少、事業構造改革の流れなどが相まって、どの会社も管理職偏重から専門能力重視へと舵を切り始めています。管理職になれない人を専門職と呼ぶのではなく、専門能力が高い「本格的専門職」を本気で育成し処遇しようという方向に進んでいます。最近では、DX人材などの高度専門職の採用競争が激化しています。それをひとつのきっかけとして、専門職制度をリニューアルする動きも加速しています。

　さて、本題です。とくに技術職の場合は、無理をして管理職コースを選ぶ必要はないでしょう。むしろ、専門職として専門分野の軸を増やしていくほうがいいかもしれません。技術系の人のキャリアは、狭いところから始まって段々と専門性の幅が広がって複合的になっていくことが多いと言われます。機械工学の技術者としてスタートした人が、電気電子工学、情報工学と幅を広げていくようなかたちです。

　とはいえ、もちろん技術職が管理職コースを選ぶのもありです。技術の仕事も他の仕事と同じように、個人の力もさることながらチームワークや組織力によるところが大きいだろうと思います。一説によると、大企業の技術者の役割は、自分で手を動かすことよりも協力会社の技術者のマネジメントだという話があったりもします。マネジメント能力も技術者の専門能力のうちという捉え方もあるかもしれません。ということは、専門職コースでなくてはならない、管理職コースでなくてはならないということではなく、自分自身のキャリアイメージに合うコースを選択すればよいだろうということです。

Q8 社内公募

異動が多い事業部もありますが、私のところは異動が少なく、入社10年目ですが部内異動経験しかありません。全社的な社内公募制度とフリーエージェント制度ができたので、新規事業部門の募集に応募するか、フリーエージェントで手を挙げてみようかと思っています。まったく新しい仕事に挑戦したい気持ちがあります。（30代前半）

A8

異動が多い事業部と少ない事業部があるということは、各部門に人事権がある会社だということでしょう。人事部が主導権を持って一般社員層の全社横断的ローテーションを行うタイプの会社ではなさそうです。あなたの所属する事業部は「異動が少ない」ということは、きちんと自分の役割を果たしている人は、引き続き現在の仕事で貢献してほしいと考えている組織だと思われます。組織改編や昇進昇格などがなければ、今の部署での仕事を長く続ける可能性が高そうです。

あなたは入社10年目で、これまで他部門異動経験がないというわけですね。もちろん他部門異動経験がないとダメだということではありません。もし、これまでずっと同じ部署で働いていたとしたら、少なくとも3年に一度くらい、すなわち、10年目なら新入社員の時から3段階ほどグッとレベルが上がったという成長実感があるでしょうか？ そうであれば、これまでのところはまずまずです。しかし、成長実感が1段階や2段階くらいだという場合は、少々問題かもしれません。また、3段階の成長実感がある場合でも、今後も同じように成長実感を得られそうかどうかを客観的に検討してみる必要がありそうです。

さて、あなたがまったく新しい仕事に挑戦したいのだすると、30代前半というのは微妙な年齢です。まだ「若手」と言っても通用するでしょうが、とはいえ社会人10年選手です。転職しようとする場合は、採用する会社側からすると、第2新卒のように白紙に近い状態からいろいろと教育していくというよりは、やはりすでにそれなりの専門能力を身に付けていることを期待するはずです。もう文字通り、キャリア採用の対象です。つまり、30歳前後での転職は、大なり小なりこれまでの職種を引きずるかたちになり、今後もその職種の人と見なされる可能性が高いということです。

一方、社内異動には転職にはないメリットがあります。社内異動であるがゆえに、何歳であっても、これまでまったく経験がない異分野の仕事に異動する可能性もあるということです。そして、社内異動ですから未経験の仕事だからといって、給与処遇が下がるわけでもありません。社内公募やフリーエージェント制度があるのであれば、新しい仕事へのチャレンジとして手を挙げてみるのはよいことです。自分のキャリアの幅を広げること、積み上げることに役立ちそうなことは、何であれ積極的に活用することをお勧めします。とくに社内公募やフリーエージェント制度への応募は、ほぼノーリスクです。使わない手はありません。

Q9 合併

同業の会社と合併することになりました。合併先の会社は、社員数、売上ともに数倍規模です。今の会社と違って複数の事業部門を抱えています。それらの事業部門に移っ

たりすることもあるのでしょうか。（20代半ば）

A9

M&Aやグループ再編に伴って合併したりされたりすることは、今日ではよくある話です。合併には新設合併と吸収合併がありますが、新設合併は手続きが煩雑なので、たいていは吸収合併です。存続会社がもう一方の会社を吸収し、吸収される側は消滅会社になります。あなたの場合、相手先の会社は数倍の規模ということですから、おそらく、先方を存続会社として吸収合併されるということでしょう。

では、吸収されると、人事面はどうなるかです。まずは財務面の統合が優先されるので、合併直後はとりあえず社名が変わるくらいで、あまり大きな変化を感じないかもしれません。同業との合併といっても、しばらくは合併前のそれぞれの会社の組織や仕事のやり方、人事制度がそのまま併存する1国2制度の期間があったりします。しかし、ずっとそのままでは合併で期待する効果を得られないので、1国2制度は「しばらく」の間だけです。

法的に合併が整うと、M&A後の経営統合プロセス（PMI、Post-Merger Integration）が始まります。ある面、合併の本番はここからです。

今の会社と合併先では、人事制度も給与水準も異なると思います。合併を機に合併先の会社が人事諸制度を見直すこともありますが、数倍の規模差があるのであれば、今の会社の人事制度を合併先の人事制度に合わせて読み替えるかたちになりそうです。そして、人事制度が統合されると、次は組織や人事の統合です。同業なのでサービスや顧客が重複する部分があるでしょうから、たいていは何らかの組織改編があるはずです。それに伴ってメンバーもそれなりにシャッフルされることになります。今まで管理職だった人がそうでなくなったり、合併先の会社の人が直属上司になったりということが起こります。

たとえば、業界トップのA社が業界10位のB社を吸収合併したとします。おそらくは、A社のほうが給与水準も高いでしょうし、新卒の就職難易度もA社のほうが上でしょう。B社の中には、新卒時にA社の採用試験に受からずにB社に入社したという人も多いかもしれません。

誤解を恐れずに言えば、この状況はB社の管理職クラスの人にとっては淘汰されるリスクと隣り合わせですが、伸びしろが大きい若手にとっては決して悪い話ではありません。キャリアを拓く絶好の機会だとも言えます。もちろん、結果は本人次第です。

合併先の他事業への異動有無については、すくなくとも合併からしばらくの間はこれまでの事業での貢献を期待されていると思います。もちろん、合併後は合併先の会社の社員なので、基本的に異動配置も合併先の制度や方針に則って、合併先の社員と同じように扱われるはずです。他事業部への社内公募などがあれば応募できるでしょう。

Q10 左遷

直属上司のA課長が別の事業部に異動になりました。A課長は、着実な仕事ぶりで定評がある人ですが、異動先ではライン課長ではなく担当課長（部下なしの専門職）になるようです。課長は左遷されたのでしょうか？　A課長は40代半ばで、まだ役職定年などではありません。A課長の後任は、35歳のBさんです。かなり早い昇進です。

（30代前半）

A10

左遷を『広辞苑』で引くと、「高い官職から低い官職におとすこと。また、官位を低くして遠地に赴任させること。左降」とありますが、一般に、人事部が左遷という言葉を使うことはありません。降職とか降格と言います。役職から外す場合は解任です。

担当課長が組織図上、部長傘下ではなく課長の傘下に入ることになっていたり、等級制度上で課長よりも下位であると定められていたりするのであれば、降職・降格です。しかし、ライン管理職から部下なしの専門職になるだけでしたら、必ずしもそうとは言えません。昇進昇格ではないでしょうが、同格での役割変更かもしれません。

さて、「担当課長」の位置付けは、会社によってさまざまです。公式組織のライン長ではなくても、プロジェクトや特命担当の責任者としてライン課長に匹敵する、もしくは、それ以上の権限を持っている場合もあります。ちなみに、プロジェクトと常設組織との違いは、期間が定まっているか否かです。プロジェクトは目的を達成すれば解散します。難易軽重という意味では一概にどちらが上ということではありません。

真逆の場合では、担当課長は単なる対外呼称、名刺肩書きにすぎないこともあります。何の肩書きもない名刺は軽く見られる、対外的には「長」が付く名刺はメリットがある、社員のモチベーションも上がるしコストもかからないということで、肩書きを多用する会社もあります。中には、課長・部長などは名刺肩書きで、ライン管理職の名称はマネージャーやジェネラルマネージャーなどのカタカナを使うという会社もあります。

さて、A課長ですが、状況からすると、本人に問題があって外された、左遷されたということではなさそうです。後任のBさんは35歳。着実な仕事ぶりのA課長を外してまで早く登用しようとしたわけですから、Bさんは将来を嘱望されている人だろうと想像できます。Bさんの昇進を優先したわけです。

若手の優秀人材を登用したいと思っても、着実に役割を果たしている現任者を外す決断ができない会社は多くあります。その意味では、あなたが勤める会社には、適所適材や新陳代謝を進めていこうという意思が感じられます。こうした場合、人事部はまず現任者が力を発揮できる異動先ポジションを確保したうえで、若手の昇進を行おうとするものです。それが多くの人事部の行動原理です。

おそらく、A課長も異動先の事業部で相応のポジションを得るだろうと思います。担当課長は、次のポジション登用までのタイムラグ、一時的なポスト待機なのではないでしょうか。A課長の今後については、それほど心配する必要はないように思います。むしろ、あなたの会社の人事部は、やるべきことをやる人事部だということで安心していいかもしれません。

できれば課長・部長・役員と昇進していきたいと思っています。同じ部門でずっと仕事をしている人のほうが昇進しやすいのではないかと思いますが、最終的に役員を目指すのであれば、いろいろな部署を経験するほうがよいのでしょうか。（30代前半）

A11

課長昇進では、確かに、係長クラスの人がそのままその課の課長に昇進するというパターンが大半でしょう。課長昇進で着任する最初のポストが、まったく未経験の仕事というケースはほとんどないだろうと思います。課長は実務推進の要であり、時にはプレイングマネージャーの役割を要求されることもあるからです。ただ、若年層では何らかの育成的なローテーションを行う会社が多いので、新入社員からずっと同じ部署で長く勤務している人が有利ということではありません。係長クラスを務めた部署で課長に昇進することになりやすいというだけです。

あなたは、そこからさらに部長・役員と昇進していきたいとの希望をお持ちなのですね。課長登用の論理は比較的シンプルで、専門分野の実務能力に長けたマネージャーを求めているわけですが、部長は課長の延長線上ではありません。ヒアリング調査では、「課長の昇進基準と部長の昇進基準は違う。課長として専門能力があって実績優秀だからといって部長になれるわけではない」というコメントが多くの会社の人事部から聞かれました。部長にはジェネラルなマネジメントの視点が必要だとの指摘です。また、部長のキャリア採用を行っている会社からは、課長は内部昇進でもいいが部長ポジションには新しい血を入れて改革をスピーディに進めることを期待しているという声も聞かれます。

同じ部署で係長クラスから課長に昇進し、そのまま長く同じポストを担当するほうが部長に昇進しやすいかと問われれば、もちろんそれも可能でしょうが、必ずしもそちらのほうが有利だとは思いません。会社によっては、課長昇進後の他部門異動経験を部長昇進の条件としている会社もあるくらいです。その際、部内異動などでは他部門異動経験としてはカウントされないそうです。やはり、部長には幅広いジェネラルなマネジメント視点と、現状踏襲ではない改革視点を求める会社が多いと言えそうです。

この傾向は、役員登用では一層顕著です。次世代経営人材プールに登録された人は、全社横断的な、さらにはグループ横断的な育成ローテーションの対象として他部門経験を積ませることが定番です。

課長昇進が目標であれば、ずっと自部門で異動せずに垂直的に昇進する「棒上がり」も悪くありませんが、部長や役員を目指すのであれば、若年層の段階でも異動を厭わないほうがいいでしょう。部長や役員には、それなりの裾野の広さが必要です。早く課長になった人が早く役員になるわけでもありません。30代半ばから40歳くらいで課長になって最初のポジションを数年経験してから初めて新たな仕事に異動するよりは、若年層のうちに異動を経験して耐性を作っておくほうがよさそうです。

Q12 昇進

2年先輩が課長になりました。非常に優秀で尊敬できる先輩が直属上司になってうれしいのですが、もしかすると、年齢が近いので自分はもうこの部署の課長になることはないかもしれないと思うとモヤモヤします。
（30代前半）

A12

昇進に不可欠なもの、それは「空きポスト」です。ポストがなければ昇進できません。

責任権限の明確化や意思決定の迅速化を目的に、組織数や組織階層はできる限りスリム化するというのが基本的な流れです。同様の理由で、副部長や部長代理などの中間役職を置く会社も少なくなっています。成長企業はポストが増えるでしょうが、全体傾向としては、ポストがどんどん増えていくという状況ではなさそうです。

空きポストの次に、昇進に大きな影響を与えるものが登用候補者の数です。需要と供給の関係です。需給状況を最もざっくり判断するには、年齢別の労務構成が参考になります。皆さんも、縦軸に年齢、横軸に男女別の人数をとった労務構成グラフを見たことがあると思います。その自社版や自部門版です。なぜ、年齢別なのか、男女別なのかという声も聞こえてきそうですが、実際にはかなり参考になります。

新卒一括採用、定年制や役職定年制、さらには、大企業では20代で部長になることはほとんどないなどの実態等がある以上、年齢別の労務構成から推測できることは少なくありません。また、男女で勤続年数や役職昇進意向に差があること、女性活躍推進でポジティブアクションが求められていることなどをふまえると、男女別に労務構成を見ることにも意味があるのです。さらに、職種別や部門別、地域別などに分解していくと、より多くのことがわかってきます。

さて、本題に戻ります。昇進した先輩は、おそらく3年程度はそのまま課長を務めるでしょうから、その間は、あなたがこの部署で昇進することは残念ながらなさそうです。では、

3年後に先輩の異動や昇進でポストが空くでしょうか？　課長クラスをある程度定期的にローテーションする方針の会社であればともかく、そうでないない場合はなかなか予測できませんが、多くの会社ではたいてい組織改編などを含めて5年に一度くらいは異動があるので、3〜5年後といったところでしょうか。いずれにせよ、今の部署で課長になることにこだわると、昇進時期が遅くなってしまいそうです。

あなたが先輩並みの優秀人材で、先輩と同じく2年後に課長昇進させたいと会社が考えている場合は、あなたを次期課長候補にできる異動先を探すかもしれません。たいていは同一部署で係長クラスから課長に垂直昇進するので、異動先での係長経験期間を考慮すると、早いタイミングでの異動になるでしょう。もし、近々、あなたに異動発令が出た場合、先輩に疎まれたのではなどと考える必要はありません。今の部署での課長昇進ではありませんが、あなたのキャリア形成を考えての異動なのではないでしょうか。その異動は喜んで受けるべきです。

異動発令がないようでしたら、もう一度シミュレーションしてみましょう。この部署での課長にこだわるべきか、ほかの部署への異動を模索するほうがいいか。それとも当面はプレーヤーとしての腕を磨くことに集中するほうがいいか。また、相談するなら誰がいいか。このほかにも、もうあなたには多くの選択肢が見えていそうですね。

8章　これでよいのか？　ニッポンの人事異動

人事異動は社員個々人のキャリアに対してはもちろん、会社全体の業績に大きな影響を与えます。中長期で見ると配置の巧拙によって会社業績は数倍変わるのではないかと筆者は思っています。

皆さんも経験があるように、誰しも自分の能力・適性を発揮しやすい仕事やメンバーに巡り合った時は、そうでない時と比べてモチベーションやエンゲージメントが上がります。配置がぴったりと嵌《はま》った時には、少なくとも本人としては相対的にパフォーマンスが向上しているはずです。また、「70：20：10の法則」を持ち出すまでもなく、どこで働くか、誰と働くかによって学びの質と量は大きく変わります。成長し続けるために、どのタイミングでどこに配置されるかは極めて重要です。そのような「嵌る配置」を多くの社員に実現できれば相乗効果も生まれ、個人のみならず組織全体、会社全体ではパフォーマンスが数倍上がってもいいはずだという感覚は、あながち外れていないのではないでしょうか。

異動配置はザ・人事と呼ぶべき人事の最重要業務です。ところが、**一連の調査の結果から見えてきたものは、「人事部はあまり人事異動に関与していない」という実態です。**調査対象が複数事業と多数の社員を抱える大手企業だったからという面もあるでしょうが、とくに一般社員層の異動配置については、ほぼ各部門にお任せ状態の会社が思いのほか多い印象です。これでは皆さんから「配属ガチャ」という声が上がるのも頷けます。

筆者は、人事部が人事権を掌握して異動配置を取り仕切るべきだと考えているわけではありません。むしろ、だんだんと各部門が果たす役割が大きくなってきており、人事部のあり方が問い直されていると感じています。それでも、人事部には人事部にしかできないこと、人事部がやるべきことがあります。7章までは、主に若手〜中堅のビジネスパーソンに向けて異動配置を解説してきました。終章は視点を変えて、人事部や経営層の方々に向けたメッセージです。

まず、人事部の実態から見ていきましょう。

人事部の泣きどころ

人事部の管理職にアンケート調査（パーソル総合研究所「人事部大研究」2021）を行ったところ、人事部の役割は「定例・定型的な人事労務管理が中心的」という回答が約半数でした。定例業務と定型業務とは字面は一文字違いでも、意味する内容はまったく異なります。「定例」業務は、月次や年次などのサイクルで周期的に発生する仕事です。簡単な仕事という意味ではありません。「定型」業務は、マニュアルなどでやり方が決まっている仕事です。確かに、人事部には定例的な仕事が数多くあります。給与・勤怠・福利厚生などの労務管理は定型業務化、言い換えれば標準化が進んでいます。人事評価や新卒採用、定期異動などの人事管理は定例業務ですが、事務手続き部分を別にすると定型業務ではありません。

人事部の役割は「定例・定型的な人事労務管理が中心的」といった時に、定例業務が中心であることは、人事部の特性上、当然のことです。問題は「定型業務」が中心的なのかどうかです。定型業務中心では、人事部は単なる事務処理部門だということになってしまいます。

そこで、人事施策の重要度と実行度を調べたところ、重要だと考えているのに実行していないものとして、3つの施策があぶり出されました。「次世代経営人材の発掘・育成」「最適な人員配置」「人事データの活用」です。これらはいずれも多くの人事部の泣きどころです。

泣きどころ①　次世代経営人材の発掘・育成

5章で説明した通り、次世代経営人材の発掘・育成はタレントマネジメントの最優先テーマです。10年来取り組んで軌道に乗ってきたという会社も珍しくありませんが、まだ全体では施策実行度が5割を下回っています。このテーマの実行に当たっては、各部門の優秀人材抱え込みが大きな障壁になります。各部門任せにはできず、全社最適の視点で人事部が旗を振って推進しなくてはならない戦略人事テーマです。

泣きどころ②　最適な人員配置

過半数の会社が、最適な人員配置が課題だと考えています。これにはマクロとミクロ、2つの側面があります。マクロ面では、今日、多くの会社が経営戦略として、既存事業から新規事業へのシフトなどの事業構造転換を掲げています。当然、各事業部門が解決できる課題ではなく、全社最適の視点での取り組みが必須です。事業ポートフォリオの組み換えにともなって、人材ポートフォリオも組み換えが必要になります。これは次世代経営人材の発掘・育成と並んで、人事部が推進すべき最重要戦略人事テーマです。

ちなみに、いま、多くの会社の人事部が人的資本経営（人材を「資本」と見なして投資を行い、企業価値を高めていく経営手法）、具体的には**「人材版伊藤レポート2・0」**に注目しています。

「人材版伊藤レポート2・0」とは、伊藤邦雄教授が経済産業省のプロジェクトの座長として人的資本経営による価値創造の重要性を取りまとめたものです。おそらく、人事部の皆さんであればしっかり読み込んだという方も多いだろうと思います。そこで3つの視点の1番目として強調されているのが、「**経営戦略と人材戦略の連動**」です。そして、5つの共通要素の最初に挙げられているものが、「**動的な人材ポートフォリオ**」です。これが、戦略人事にとって最重要だということです。最適な人員配置をマクロ視点で見ると、まさに動的な人材ポートフォリオに他なりません。

一方、ミクロで捉えると、それは個々人の異動配置そのものです。こちらはここまで見てきたように、戦略的なものから個人事情対応までかなりの幅がありますが、「嵌る配置」の極大化は会社業績に直結します。その意味では、ミクロ視点でも「最適な人員配置」は戦略人事テーマなのです。ただ、ミクロ視点の最適な人員配置は、人事部だけでなく各部門が担う部分も多くあります。人事部だけでは完結できず、各部門だけでもできません。分担のあり方、支援のあり方がポイントです。人事部が何を行い、各部門に何を委ねるべきなのかは次の「戦略人事とは何か？」の項で詳しく説明します。

泣きどころ③　人事データの活用

3つ目は、「人事データの活用」です。これは、戦略人事の実現と密接な関係があるという調査結果が出ています。戦略人事を実現できているという人事部が約3割、できていない人事部は約4割ですが、人事データの一元管理ができている会社は戦略人事を実現できているという傾向が顕著でした。特に、「次世代人材の発掘・育成」「事業部の人的資源の調整・配分」「従業員支援」「人事ポリシー明確化」を行ううえで、人事データ活用が有効だということです。

人事データといってもさまざまなものがあります。異動履歴や人事評価情報は、すでに約6割の会社で一元管理されています。しかし、キャリア志向やキャリア目標、スキルや強みの情報を一元管理している会社は3分の1程度にすぎません。次世代経営人材の発掘や最適な人員配置のためには、異動履歴や人事評価情報などの基本情報だけでは不十分です。戦略人事を実現するためには、少なくともキャリアとスキルに関する情報を充実させて、「OLD 3K（記憶、経験、勘）」から「NEW 3K（記録、傾向、客観性）」によるデータドリブン人事へと進化させていく必要があります。新型コロナで、リモートワークも定着してきた感があります。ますますOLD　3Kでやっていくことは難しくなってきています。

戦略人事とは何か？

ところで、戦略人事とは何でしょう？　戦略人事とは、経営戦略・事業戦略を推進するための人事ということです。経営戦略・事業戦略と併記しましたが、戦略には、全社観点で策定する経営戦略と各事業部門が策定する事業戦略があります。両者は必ずしも同じではありません。戦略の中には全社観点でしか策定されないものがあります。

たとえば、皆さんも会社で「ダイバーシティ、インクルージョン＆エクイティ（ＤＩ＆Ｅ）」の研修を受講したりしているのではないでしょうか。ＤＩ＆Ｅは性別や年齢、国籍、人種、職歴、障害の有無などの多様性を受け入れて、認め合い、組織としてそれぞれの個性を活かしていこうというものです。これは企業の「サステナビリティ（持続可能性）」を高める重要な経営戦略で、イノベーションの創出にも効果があると言われています。

女性活躍推進もＤＩ＆Ｅの取り組みのひとつですが、おそらく、事業部門が主体的に女性管理職比率の目標を立てて施策推進する会社は極めて稀なはずです。たいていの事業部にとっての最大関心事は、ＤＩ＆Ｅよりも比較的短期の業績向上に直結するサービス開発や市場開拓などの事業戦略であり、それを担う人材の確保だからです。ＤＩ＆Ｅは人事部が旗を振って推進する必要があります。企業のサステナビリティに関する戦略人事は、基本的に人事部の守備範囲です。

次世代経営人材育成のための部門横断的ローテーションや、A事業からB事業へ技術者を大規模に異動させるというような複数事業間の人材ポートフォリオ調整も人事部の守備範囲です。各事業部門の個別最適と全社最適が一致しないので、人事部が経営と連携して行うしかありません。

一方で、各事業のプロフェッショナルの育成や人員配置は、人事部が口を出すよりも各事業部門がそれぞれの戦略と環境に応じて、個別最適を旨に迅速に行うほうが効果的です。変化が速い時代ですから、「アジリティ（機敏さ）」が求められます。事業のアジリティに関する戦略人事は、基本的に各部門に委ねていくという方向です。そのうえで、全社最適の観点から人事部として譲ることができないポイントをどう押さえるか、事業部門主体の戦略人事推進をどうサポートするかが問われます。

このように戦略人事という文脈では、**全社最適の経営戦略に基づくサステナビリティ重視の戦略人事は人事部、各事業最適の事業戦略に基づくアジリティ重視の戦略人事は事業部門**という分担になります。

戦略人事推進のための体制については、ミシガン大学のデイビッド・ウルリッチ教授が提唱した3ピラーモデル（Three-pillar model）が有名です。3ピラーモデルとは、人事の専門家集団であるCoE（Center of Excellence）、各事業責任者の人事・組織面の戦略参謀であるHRBP（Human Resource Business Partner）、定例・定型業務を担当するOPE（Operational Excellence）の3本柱で人事機能を分担するというものです。

「目配りされないミドルパフォーマー」の見える化

事業のアジリティに関する戦略人事を基本的に各部門に委ねていくといった時、具体的には、各部門の組織編制や管理職登用、キャリア採用などについて部門権限を大きくしていく方向になります。また、一般社員層の異動配置については、すでに各部門が広範な人事権を持っています。とはいえ、すべて部門裁量で管理職登用して構わない、キャリア採用も自由というわけにもなかなかいかないでしょうし、一般社員層では3章で説明した「目配りされないミドルパフォーマー」が存在します。**大多数のミドルパフォーマーに「嵌る人事」を提供することも、重要な戦略人事テーマ**です。

各部門が主導するそれらの戦略人事を効果的に機能させるために、人事部は適切に関与し

図表18　組織規模と人材の見える化

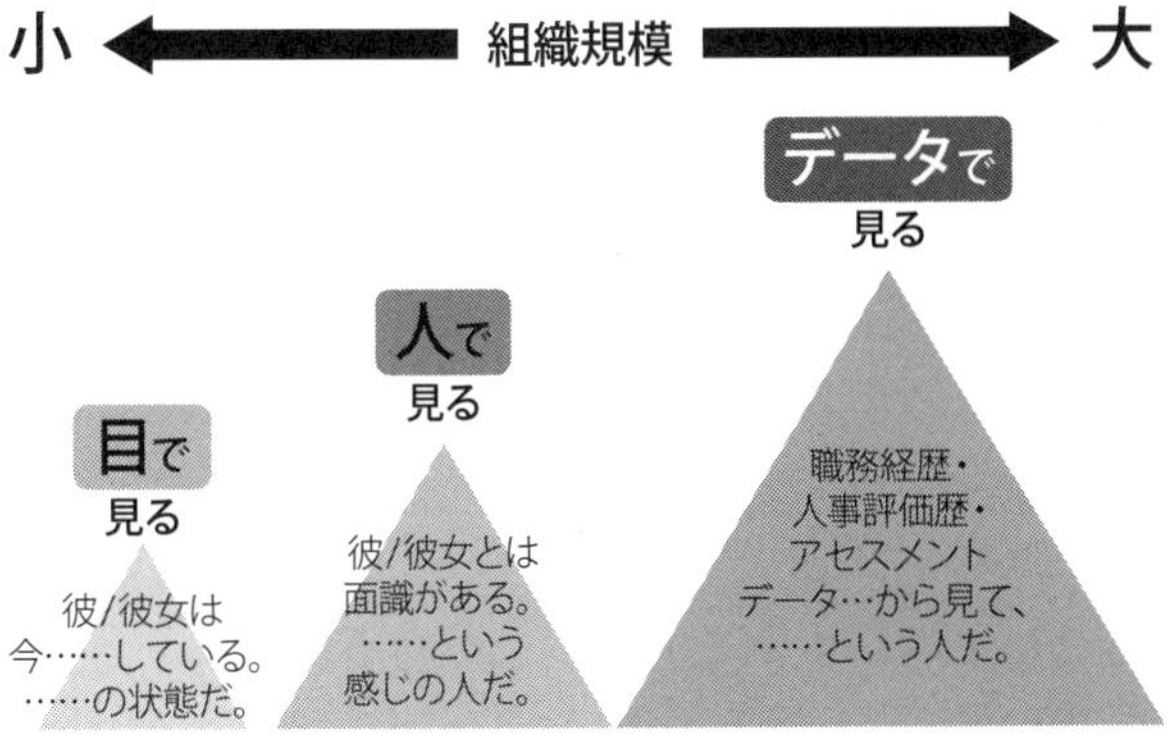
小
組織規模
大
目で
見る
彼/彼女は
今……している。
……の状態だ。
人で
見る
彼/彼女とは
面識がある。
……という
感じの人だ。
データで
見る
職務経歴・
人事評価歴・
アセスメント
データ…から見て、
……という人だ。

出所）　筆者作成

ていく必要があります。まず、人事部が各部門の状況を把握できていなければなりません。しかし、人事部は定型業務・定例業務とサステナビリティに関する戦略人事で手一杯の状況で、各部門の状況が十分に見えていないようです。また、すでに見てきたように、部門人事の専門組織やＨＲＢＰを設置できる会社も２割弱しかありません。

これまでずっと言われ続けてきたことですが、やはり、「人材の見える化」（図表18）が最初の関門です。人的資本経営にしても、人材の見える化がなくては推進できません。

「見える化」と社員数は密接な関係があります。

人事部が自分自身の「目」で一人ひとりの社員がどんな人で、今何をやっていて、どのような状態にあるかを相応の頻度で直接観察できれば理想的です。できる限りそうすべく努力すべきということではありますが、一人の管理職が月次1on1で面談できる部下の数をイメージしてみても、やはり、規模的な限界があります。

次の「人」で見るレベルは、「顔と名前が一致するレベル」といっても構いません。「あの人はAさんで、こんな感じの人。以前、直接話したこともある」というレベルです。もしかすると、その人とは短い挨拶を交わしたことがあるだけかもしれませんし、それは3年前のことかもしれません。実は、バイアスがかかりやすく、情報の鮮度という意味でも、最も怪しい状態だと言えます。「人」で見るレベルでは、良くも悪くも過去にスポットライトが当たった人だけが常に人事上の話題に上って、大多数の社員は「目配りされないミドルパフォーマー」ということで埋もれがちになってしまいます。印象は長く尾を引きますし、果たして顔がわかるだけマシと言えるかどうか微妙なところです。

社員数が数千人や数万人になると人間の記憶容量を超えます。ましてや、それなりの頻度で全員の情報をアップデートすることなど不可能です。ある程度の社員数になるとシステムを活用し「データ」で見るという方向を探らざるを得ません。やはり、「OLD　3K（記憶、経験、勘）」よりも「NEW 3K（記録、傾向、客観性）」のデータドリブン人事です。人材データなしでは戦略人事はおろか、定例・定型的な人事業務運用も差し支えてしまいます。

全員型タレントマネジメント

6章で「タレントマネジメント」の世界を紹介しました。タレントマネジメントの対象は経営人材や次世代経営人材、戦略的ポジション人材だけではありません。大多数を占める「多様な人材」も対象です。むしろ、**「多様な人材」に「嵌る人事」を提供できてこそのタレントマネジメント**です。

キャリアステージ、ライフステージもさまざま、ワークライフバランスの軸足の置き方も人それぞれの「多様な人材」が対象ですから、嵌りどころになり得るポジションとその探し方も多様にする必要があります。次世代経営人材を探してくるような適所適材型・選抜型のアプローチだけでは足りず、適材適所型のアプローチも欠かせません。

前項では、人材データの拡充を強調しました。できるだけ人材データを充実させてポジション要件とのマッチング精度を高めようというのが人事主導の異動配置の王道ではありますが、おそらくそれだけでは限界があります。従業員エンゲージメント（会社への信頼や貢献意欲）重視の流れからしても、本人意思を重視する手挙げ型のアプローチを併用して、社員本人にとっての選択肢を広げることが効果的です。社内公募やフリーエージェント制度などの異動配置施策が十分ではない会社、制度はあっても実際の公募ポジション数が少ないなど運用実態が十分ではない会社は、今一度、異動配置のやり方の組み合わせを見直すことをお勧めします。

もうひとつ、重要なポイントがあります。全員型タレントマネジメントとは、全員を同じに扱うということではありません。それぞれのタレントに応じた適切な対応をするということです。たとえば、社内公募について、こんな話があります。

「社内公募で、将来を嘱望されている次世代経営人材候補のAさんがなぜミドルパフォーマーを想定したポジションに応募してくるのかというような事例があるんです。会社としてはAさんの先々のキャリアを考えて次の異動先を提案しようとしていたんですが……どう対応すべきなんでしょうか?」

その会社では、次世代経営人材プールに登録されていることを本人に通知していないそうです。経営人材になるには本人の意思も重要です。まず、Aさんに人材プールに入っていることと会社が想定している今後のキャリアプランを説明し、その方向で挑戦する気があるかどうかを尋ねることです。YESであれば社内公募への応募を取り下げるように伝え、NOであればそのまま応募を受け付けるべきです。

筆者のタレントマネジメントの定義①「経営戦略推進に向けて、各ポジションに最適なタレント（才能）を確保するマネジメント施策」、定義②「一人ひとりのタレント（才能）を見える化し、経営戦略に沿った最適な活躍場所を提供する人材マネジメント施策」をもっと簡潔に言い切ってしまうと、**タレントマネジメントとは、「経営戦略に沿って適所適材・適材適所を行うこと」**です。タレントマネジメント的には、経営戦略推進上合目的的で合理的であれば正解なのです。そろそろそれぞれのタレントに応じたメリハリある対応に切り替えていく時期を迎えています。

管理職を2つに分ける

さて、全員を同じに扱うということではないという面では、管理職の登用や異動もそうです。たとえば、一口に課長と言っても次世代経営人材含みの人材と、各事業最適・各職能最適の人材では期待役割や人材要件が異なります。管理職異動配置調査を総括すると、管理職を「ジェネラリスト型マネージャー」と「スペシャリスト型マネージャー」に分けて考えて、それぞれの登用権限やローテーション施策を最適化する方向に進むのではないかと感じています（**図表19**）。

図表19　ジェネラリスト型マネージャーとスペシャリスト型マネージャー

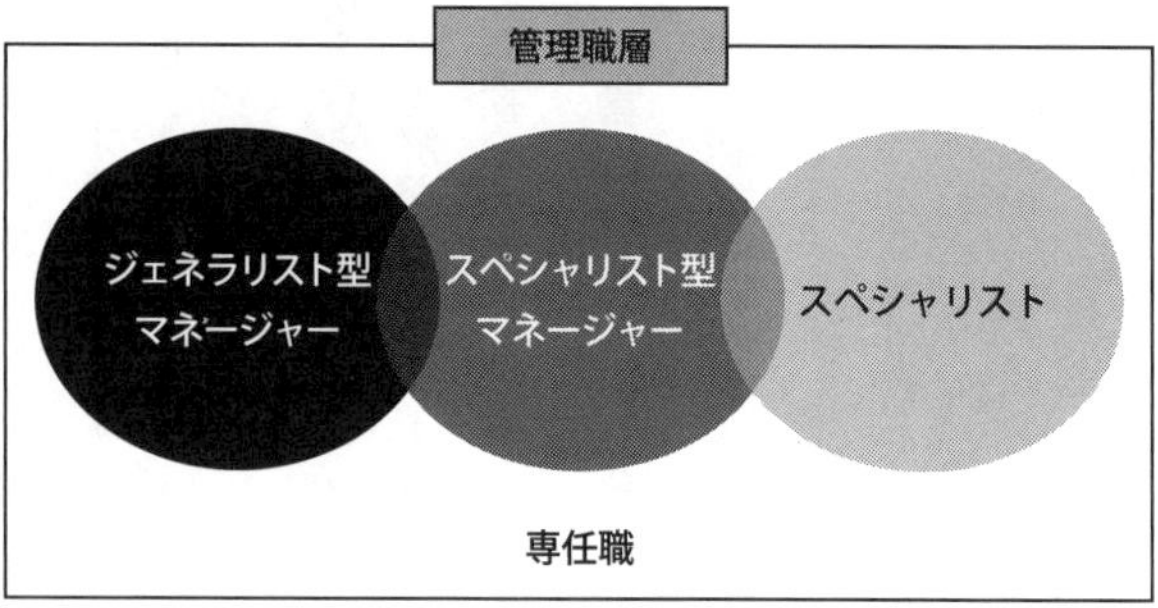

出所）「管理職の異動配置に関する実態調査（2022）」

スペシャリスト型マネージャー

事業戦略に対応すべく、各部門に大幅に登用権限を委ねるマネージャーです。必ずしも人事部が全社横串の登用基準を用意したり、審査したりする必要がないと考えたほうがいいかもしれません。重視すべきは各事業最適・各職能最適とアジリティです。どのように異動配置を行うかも、基本的に各部門権限の範疇です。

ジェネラリスト型マネージャー

調査の中で、課長と部長とは明らかに登用基準が異なるとの声が多く聞かれました。課長は専門能力重視で登用できるが、部長にはジェネラルなマネジメント視点が必要だというものです。課長登用の段階でも、何割かは次世代経営人材の候補になり得る人材が必要です。そうした人材は人事部が全社最適の視点で登用し、広範なローテーションも行ってジェネラリスト型マネージャーを育てる必要がありそうです。管理職全員がジェネラリスト型を目指す必要はなく、実際には、スペシャリスト型マネージャーの必要人数のほうが多いはずです。次世代経営人材プールと考え方が共通する部分がありますが、管理職登用段階から仕組みとして明確に分けたほうがよいのではないかということです。

さて、スペシャリスト型マネージャーの登用を各部門裁量で行うことには懸念事項もあります。たいていの事業部門は、専門能力と業績を偏重する傾向があるからです。人事部門としてはマネジメント品質を担保する必要があります。そのやり方は、人事制度が職能型かジョブ型かによって変わります。

職能型の場合

職能資格制度の原則は「資格先行」です。管理職層の資格等級への昇格者の中から管理職を登用するというものです。資格昇格審査の際にマネジメント面を見極める機会がある点はよいのですが、事業部門が期待するスピードで管理職層の資格等級へ昇格できるように、昇格基準の滞留年数の短縮や飛び級制度の導入など、ルールや運用を見直す必要があるかもしれません。それでも昇格スピードが追いつかないようであれば、仮昇格運用なども考えられます。その場合、ミスジャッジの際の降格も選択肢です。

ジョブ型の場合

ジョブ型の場合は、職能型の場合よりも部門裁量が大きくなりそうです。人事部は各部門が適切な人選を行うことができるように、アセスメントの実施や各種データ提供、アドバイザリーなどの支援が望まれます。また、これまで以上に管理職登用後のマネジメント教育や360度評価などを手厚く行うことが必要です。

課長20年時代

かつては、同じ会社に勤め続ける場合、一般社員から課長、部長、役員と昇進していくパターンをあるべき姿として想定していた面があります。確かに部長や役員まで昇進する人もいますが、4章で見た通り、それはレアケースと言ってもよく、多くの人にとってモデルにはなりません。**標準より優れた人であっても「一般社員20年、課長20年、ポストオフ後5**

年」というのが、会社員人生のリアルです。

一般社員時代の20年、とくに最初の10年についてはこれまで見てきたように、どの会社も育成観点で、社員に相応の目配りをしています。次の10年はプレーヤーとして働き盛りの年代です。その後については、管理職にならない場合は、「目配りされないミドルパフォーマー」だったはずが、40代半ば以降だんだんとローパフォーマー化するリスクがあるとはいえ、プレーヤーとして働き続けている強みがあります。

むしろ、**人事部が今後ケアすべきは課長の20年**かもしれません。管理職層についてはジョブ型的な仕組みに移行する会社が増える傾向にあり、かなり長期間、同じ部署の課長を務める人も増えそうです。管理職の仕事は、ある面、キャリア形成上のインプットが少ない仕事です。課長になると会社の業績動向や部下からの伝聞情報は頻繁に入りますが、プレーヤー時代に比べると市場や技術の生情報などに触れる機会はかなり減少したりします。実際の仕事としては、**会議資料作成に関するやり取りと会議、部下との1on1、各種承認業務にほとんどの時間を割かれてしまう管理職が少なくありません。**

それがマネージャーというものだという見方もあるかもしれません。ただ、同じ部署の課長を長期間担当して専門能力が向上するのかという疑問もあります。技術系の人の中には、マネジメントは雑務だと考えている人が一定割合存在しますが、一概に否定できない面もあります。課長にも、生情報のインプットは不可欠です。また、別の観点では、**課長はマネジメントの定型業務に埋没することなく、戦略的業務やリーダーシップの発揮に時間を使うようにならなくては陳腐化リスクが大きい**ということです。

さて、役職定年については、65歳定年延長とのセットで新設する会社もあるでしょうが、全体的な流れとしては、グローバル化やエイジフリーの観点から廃止方向です。一方で、役職定年の廃止は新陳代謝の障害になる恐れがあります。また、長期間同一ポジションを同じ人が担当することは、組織活力や管理職本人の成長のためにもあまり好ましくなさそうです。やはり、ある程度の期間で「次」の場所に移るべきです。

本命は役職任期制

将来に向けては役職定年制を廃止して、「役職任期制」にすべきだと筆者は考えています。若年者が登用されているポストを含めて、全管理職ポストに対してです。これはシニア向けのポストオフ対策として提案しているわけではありません。課長20年時代の課長のキャリア開発観点からです。

任期制と言えば、1990年代の成果主義の時代に導入した会社もありましたが、ほとんど形骸化しています。留任を前提にしていて、任期満了時に初めて解任か留任かを検討しようとしていたからです。たいていは、特別な理由がない限り更新され、任期制は機能しませんでした。任期制を機能させるには、当然のようですが、「任期満了時による退任」を原則にすることが重要です。解任するというニュアンスではなく、あくまで任期満了による「退任」です。

標準的な任期は2～3年が適切なのではないでしょうか。中期経営計画のサイクルなどからすると3年かもしれませんが、アジリティを意識すると2年のほうがよさそうです。単年度では終わらないテーマも多いでしょうから、1年では短すぎます。全ポストを任期制の対象にすると、40歳でどこかの課長になると42歳で退任ですから、早すぎるのではないかとか、その後はどうするのかと思われるかもしれません。しかし、それでよいのです。

管理職と専門職の双方向運用

御社では、一度管理職から外れるともう管理職にはならない運用になっていませんか？

まず、「外れる」とか「一方通行」という捉え方を変える必要があります。

もう一度、242ページの図表19を見てください。ジェネラリスト型マネージャー、スペシャリスト型マネージャーとスペシャリストがあります。とくにスペシャリスト型マネージャーとスペシャリストとは相応の頻度で役割交代があるほうが、キャリア形成上、メリットがあるのではないでしょうか。あるサイクルでスペシャリストの期間を挟み、専門能力をブラッシュアップするのです。そして組織上の要請があれば、またマネジメントポジションに就けばよいのです。

たとえば、20年近く連続して管理職を務め、マネジメント業務にほとんどすべての時間を費やしてきた人が、その後にスペシャリストとして通用するかと言えば、そう簡単ではないかもしれません。現在、会社がシニアの職域開発で悩んでいるという場合のシニアの多くは、長らく管理職を務めてきた人たちのことなのですから。

その人たちも、スペシャリストとしてのインプットを適切に持つことができていれば、ポストオフしたからと言って慌てて職域開発を、などという必要はないはずです。

専門能力重視に舵を切る

会社の中にはジェネラルなマネジメント人材も必要ですが、人数的にはスペシャリスト型マネージャーの需要のほうが大きいはずです。20代~30代の人たちは、自分たちのキャリアを長期的視点で考えていません。多くの人は新卒で就職した会社でずっと勤めるとは考えていませんし、必ずしも管理職になりたいとも考えていません。もしかすると、彼ら彼女らは、その上の世代よりもキャリアに関して戦略的なのかもしれません。

65歳まで、70歳まで、もしかするともっと長く、自分のタレントを発揮して働いていくにはどうしたらよいか。それは会社に頼ることでも、ポジションに固執することでもなく、専門能力を磨くこと。それを感じ取っているのかもしれません。スペシャリストと双方向の任期制は若手のキャリア観にもフィットするのではないでしょうか。人事部も考え方を切り替える必要がありそうです。

再任と他ポストへの異動

さて、任期制について、補足しておきます。任期満了時は退任を原則とすべきですが、もちろん「適所適材」の観点から再任される人がいても構いません。これは管理職ポストの話なので、適材適所ではなく適所適材の考え方です。ただし、再任回数に制限を設けるほうがよいかもしれません。もちろん、任期満了で他の管理職ポストへ異動することもあるでしょう。スペシャリスト型マネージャーの場合はたいてい事業部内異動になるでしょうし、ジェネラリスト型マネージャーの場合は全社横断的・グループ横断的にさまざまなポストを歴任するというかたちになりそうです。

人事部が変われば会社も変わる

人事部は変わることができるのでしょうか？　明日の人事部を担うスタッフはどんな人たちなのでしょうか？

調査（パーソル総合研究所「人事部大研究　非管理職層の意識調査」）からは、社員への寄り添い意識が強く、組織開発・人材育成や人事戦略・企画を担当したいというスタッフ像が浮かび上がってきました。人事部スタッフはコミュニケーション能力・実務能力等々が優れていると自己評価しています。一方で、人事戦略・企画に関心があると言いながら経営視点が弱く、経営陣とは距離感がある様子が垣間見えます。管理職への昇進意向も3割程度で他職種と大差ありません。また、本書の主題であり、ザ・人事とも言うべき異動配置にはあまり関心が高くないという面が気になります。

一言で言うと、多くのスタッフは「社員に寄り添う、優しくて優秀」な人たちのようです。しかし、今は変革期です。少し大げさに言えば、人事のパラダイムシフトが要求されています。まず、人生100年時代のビジネスキャリア形成に向けて、個々人にとっての会社の意味を捉え直すことが必要です。そのうえで、人事部は会社の経営戦略・事業戦略を効果的に推進できるように、人事のあり方全体を再構築していかなくてはなりません。

それは、単に「社員に寄り添う、優しくて優秀」なスタッフだというだけでは成し得ないように思えます。むしろ**必要とされているのは、経営陣を説得できる強さ**かもしれません。

人事部が変われば会社が変わる？　それとも、会社が変われば人事部が変わる？　実際にどちらが先なのかわかりませんが、少なくとも明日の人事部を担う若いスタッフの皆さんには、「人事部が変われば会社が変わる」という気概を期待してやみません。

あとがきに代えて――専門性と縁に感謝

拙い本書を読んでいただいた皆さん、ありがとうございます。もう少しお付き合いください。

筆者の社会人生活は40年を超えました。その間、一貫して人事関連のキャリアを歩んできました。それなりに長いなぁと思います。「一貫して」と書きましたが、それは筆者の意思だったのか、それとも偶然のなせる業だったのか、そしてそれは正解だったのか。振り返ってみたいと思います。たいしたキャリアではありませんが、それぞれの節目での出来事は何かしら皆さんの参考になるのではないかと思います。

誰でもそうでしょうが、筆者のキャリアも、戦略的に考えて歩んできたように説明しようと思えば、できないことはありません。そのキャリア像は決して嘘ではないものの、その時点で本当にそこまで考えていたのかと言われると、少なくとも半分くらいは後付けの理屈で整理したものだと認めざるを得ません。
さて、筆者の経歴の公式説明とリアルを振り返ってみます。

人事キャリアのスタートは配属ガチャ

新卒で入社した電機メーカーで、人事部に配属されました。これが筆者の人事キャリアのスタートになります。しかし、電機メーカーも人事部も自分で積極的に選択したものではありません。当時は10月に内定式がある時代だったのですが、2月のある日、まだ就職先が決まっていなかった筆者は、午前中に大学の就職指導部で某メーカーを紹介され、その日の午後に訪問しました。テレビCMなどでそのメーカーの名前と代表的な製品は知っていましたが、その程度です。それまでまったく別の業界を考えていたため、受験したメーカーはその会社1社だけです。もう通常の採用活動は終わっている時期だったので、面接はいきなり取締役人事部長でした。1時間半ほどの長い面接でした。マーケティング部門を希望したのですが、蓋を開けると人事部配属だったわけです。がっかりしました。今でいう配属ガチャです。

人事部長とウマが合ったということもありますが、大学のゼミが人間関係論だったことも影響したのでしょう。その人間関係論にしても、とくにその分野に関心があったわけではないのです。きれいに説明すれば、「大学で人間関係論を学び、新卒で入社したメーカーでは人事部に配属され……」ということになりますが、実際のところは、このようないい加減なスタートでした。もちろん、その時には、この先ずっと人事に関わっていくなどとは想像もしていませんでした。

君はこちらのほうが向いている

電機メーカーには30歳までいました。人事部と経営企画部に所属していました。27歳の時、コンサルティング会社を入れて人事制度改革を行うことになり、筆者は会社側のプロジェクト担当者として、ほぼ一人でコンサルタントチームと対応していました。当時の上司だった人事企画課長は、筆者に「大変だろうけど等級制度と評価と賃金がわかれば一生食べていけるから、この機会にしっかり修得しろ」と言っていました。そして、プロジェクトが終わって1年ほどたった頃、そのチームリーダーだったコンサルタントから「君はこちらのほうが向いている」と言われ、その会社に転職することを決意しました。

筆者はもともと、コーポレート系の仕事よりもビジネスに関心がありました。人事部や経営企画部の仕事にもおもしろさを感じる部分はあったのですが、それ以上に、もっと直接的にビジネスに携わりたいという気持ちがあったのです。コンサルタントになれば、コンサルティングというビジネスをやれるというところに惹かれました。

当時は、自分はこれまでコーポレート部門にしかいなかったので、これまでやってきたことをビジネスにするとしたらコンサルタントしかないと思い込んでいたところがあります。今にして思えば、まだ30歳くらいですし、ほかの可能性もあっただろうと思います。たとえば、社内で事業部門に移りたいと言えば、おそらくそれも叶ったのでしょう。

コンサルタントの言葉にその気になった筆者は、30歳の時に、コンサルティング会社に転職します。これも、「自社の人事制度改革プロジェクトの経験をきっかけに、その道のプロフェッショナルを志してコンサルタントに転身した」と言えますが、単なる勢い、若気の至りだったとも言えそうです。

葦の髄から天井覗く

コンサルティング会社では、その人が筆者の上司でした。コンサルティングのみならず、筆者のビジネス人生の師匠です。切れ者でしたが、一風変わった人でもありました。50代前半で夭逝しました。

師匠は、「葦の髄から天井を覗く」という言葉が気に入っていました。普通はあまり良い意味では使われません。細い葦の茎の小さな穴の中から天井を見て、それで天井の全体を見たと思い込むことを言います。『広辞苑』では「自分の狭い見識で、広い世界のことについて勝手な判断を下す」とあります。師匠は、もちろんその本来の意味を承知のうえで、「この言葉は、葦の髄からでも天井を見ることができるとも解釈できる。一芸に秀でることが大切だ」と言っていました。そう言えば、当時の部門名称は、他の部は幅広い顧客ニーズに応えられるようにコンサルティング一部、二部というような数字でしたが、師匠はそれを嫌い人事戦略部と名付けていました。とことん専門性にこだわる人でした。

筆者は、人事戦略部に所属し、人事コンサルタントとしてのキャリアがスタートします。その後のキャリアが人事分野ということで確定した瞬間でもあります。本文でも書きましたが、キャリア採用はこれまで経験してきた職種の即戦力であることを期待して採用するわけですから、当然のことだとも言えます。

長すぎた20年

コンサルティング会社には30歳から50歳まで20年間在籍し、人事制度改革を中心に100を超すプロジェクトを行いました。記憶に残っているプロジェクトが、いくつもあります。

ここで、コンサルタントの成長段階を振り返ると、ざっくり4つのステップに分かれるように思います。

ステップ① プロジェクトメンバーとして通用するレベルです。これはそれほど難しくありません。多くのクライアントはリーダーしか見ていませんし、それなりに論理的であれば務まります。

ステップ② 小プロジェクトのリーダーが務まるレベルです。リーダーとメンバーはまったく異なります。プロジェクトを仕切る必要があるので、必ずしも誰でもできるというわけではありません。

ステップ③ 業界トップクラスの会社のプロジェクトのリーダーが務まるレベルです。これはかなりハードルが高く、限られた人しか到達できません。たいていの場合、その案件を受注できる必要もあります。

自慢話になって恐縮ですが、筆者は35歳の時に、業界トップクラスの会社の案件を受注してプロジェクトリーダーを務めるようになりました。かなり早かったと思います。このステップ③までは成長実感も大きく、コンサルタントの醍醐味を感じることができました。問題は、ステップ④です。

ステップ④　業界トップクラスの会社の案件を受注し続ける段階。

コンサルタントは数字の世界でもあります。業績が上がると収入も増えますが、翌年にはさらに数値業績責任が大きくなります。その繰り返しです。そんな毎日が続くと、大型案件を受注しても嬉しくもないし、楽しくもなく、ただホッとするだけという感じでした。

正直なところ、20年は長すぎたと思っています。数字も収入も落ちるでしょうが、専門分野を広げる取り組みを行うべきだったかもしれません。あるいは、人事コンサルティングを続けるのであれば、他ファームを経験したほうがスキルやノウハウを高めることができたように思います。実際に他ファームからの話もあったりしましたが、当時はそれなりの収入を得ていたのであまり魅力を感じず、結局20年在籍しました。とくに働く期間がどんどん長くなっている今日では、目先の収入の多寡もさることながら、時には長いビジネス人生を生き抜くための専門性を軸に進路を考える必要がありそうです。

時代の流れ

50歳の時にコンサルティング会社を辞めて、システムベンダーに移ります。おそらくこれが筆者のビジネス人生最大の方向転換です。まったく畑違いの業界の会社です。

筆者がコンサルティング会社に在籍していたのは1990年から2010年までです。90年代、バブル崩壊を契機に一気に人事は成果主義の時代に突入します。目標管理、業績評価、年俸制、コンピテンシー……といった時代です。人事制度そのものはだんだんとシンプルになっていき、その代わりに運用が複雑化していくように感じていました。2000年代に入ると、人材情報を共有したり、人事評価制度を運用したりする今で言うところのタレントマネジメントシステムの走りのようなシステムも出てきました。制度策定の後の運用に関する相談も増えていました。これからは制度の時代ではなく運用の時代ではないか、そのためにはシステムが不可欠だと感じていました。

40代後半に行ったプロジェクトで人事制度運用をサポートするシステムを探している時に、とあるシステムベンダーの担当者と出会いました。地方都市に本社を置く社員100名ほどのベンダーです。その会社のシステムに惹かれ、タッグを組んでそのシステムを推しました。そして、ある日、その人から「社長に会ってほしい」と言われ、某温泉で社長に対面し、その会社に移ることにしました。

これも、「これからは運用の時代であり、まだ萌芽期にあったタレントマネジメントシステムの可能性に着目してシステムベンダーに転じ、取締役を務める」と言えますし、その通りではあるのですが、「誘われただけ」と言えなくもありません。

別のきっかけとしては、「50歳だから」というのもありました。ロジカルではないのですが、区切りがよくて「何か変えたい」と思ったことも事実です。電機メーカーからコンサルティング会社に移ったのも30歳の時でした。そう言えば、外資コンサルから誘われたのは40歳すぎの時でしたが、あれがもし40歳丁度のタイミングであれば、転職していたかもしれません。

くだらないような気もしますが、人事制度改革なども「創業30年を機に」などと区切りのいい時期をターゲットにすることも珍しくないですし、このように感じるのは筆者だけではないのかもしれません。

想定外

ビジネス人生も、長くなるといろいろあります。筆者はシステムベンダーで、タレントマネジメントシステム事業を統括する取締役を務めていたのですが、57歳の時に、その会社は吸収合併されることになります。

合併先の会社の経営陣とは、まったく考え方が合わないと感じていました。筆者は、合併を機に取締役任期満了で退任する道を選びました。57歳でしたから、次の就職先は簡単には見つからないだろう、いざとなればコンサルタントとして独立して頑張るしかないかと覚悟していました。合併先に残る選択肢もありましたが、経営や事業に関する基本的な考え方に共感できなければ、そこで働くのは無理な話です。筆者はその点を重視しました。振り返ると、それは実にナイスジャッジだったと思っています。

頼りは専門性

次の就職先は思いのほか早く見つかりました。パーソル総合研究所です。退任から1ヵ月後に働き始めました。

システムベンダーを去り、もし次に就職するとしたら、①タレントマネジメント事業を行っていること、②人事系の会社であること、③外資系ではないことの3つの条件を備えた会社がいいと考えていました。その条件にぴったり当てはまったのがパーソル総合研究所です。パーソル総研とだけ話をして、縁がなければ独立コンサルになるつもりでした。

就職先選びの決め手はやはり、自分のタレントを活かせることです。これまで紹介してきた通り、実際には戦略的によく考えてのこととは言えないかもしれませんが、少なくとも結果的には、人事実務、人事コンサルティング、タレントマネジメント事業を経験してきた人事分野のプロフェッショナルです。とくに、タレントマネジメント分野には思い入れがあり、タレントマネジメント事業を行っていることを第一条件にしました。タレントマネジメント「システム」事業ではなく、タレントマネジメント事業です。軸足はシステムではなく人事、すなわち、システム会社ではなく人事系の会社でなければならなかったのです。外資系ではないというのは、単に筆者の好みです。

パーソル総研が筆者を採用した理由は、やはり専門性なのだろうと思います。パーソル総研に勤めて6年目。タレントマネジメント事業本部からシンクタンク本部に移って、今は主にタレントマネジメントに関わる調査を行っています。筆者のキャリアが成功と言えるのかそうでないのか、自分自身よくわかりません。そもそも、成功失敗の二元論で捉えようとすることが間違いかもしれません。曲がりなりにも、まだこうして仕事ができているわけですから、専門性の軸を持つことの重要性とさまざまな縁の有難みを噛みしめているところです。

さて、本書は、2022年6月に筆者が登壇した人事部向けの公開セミナーを聴講なさっていた中公新書ラクレの黒田剛史さんに、「人事異動をテーマにした本を執筆しませんか」とお声がけいただいたことがきっかけで誕生しました。執筆機会と多くのアドバイスを頂戴したことに心から感謝いたします。

そして、本書の主なソースになっている3つのヒアリング調査にご協力くださった企業の方々、また、本書内で引用した各種調査担当の同僚はじめパーソル総合研究所の皆さん、ありがとうございます。

「あとがき」はさらっと書こうと思っていたのですが、書いているうちにいろいろなことが思い出され、まだ読者の皆さんに伝えたいことがあると感じ、つい長くなってしまいました。

それも併せて、参考になれば幸いです。

ちなみに、今日は勤労感謝の日です。国民の祝日に関する法律の条文には、「勤労をたっとび、生産を祝い、国民たがいに感謝しあう」とあります。はたらくことを敬い、はたらけることを喜びあう日ということのようです。本書を書き終えた今の筆者の気分にぴったりです。

パーソルが掲げているグループビジョン「はたらいて、笑おう。」も勤労感謝に相通じるものがあり、気に入っています。

そして、はたらいて、笑うためには、ビジネスキャリア上の選択はもとより、もっと大切なものがあるように思います。

いつも応援してくれる妻・裕子、そして明日への活力を与えてくれる子供たちに感謝します。本当にありがとう。

２０２２年11月23日　勤労感謝の日

藤井　薫

調査概要

①「大手企業のタレントマネジメントに関する実態調査（2020）」

本書では「タレントマネジメント調査」と表記

［調査内容］　グループ企業の親会社ポジションにある大手企業のタレントマネジメントについて、量的調査では把握しづらい具体的な取り組み実態を明らかにする。

［調査対象］　グループ企業の親会社ポジションにある大手企業21社（五十音順）の人事責任者または人事企画責任者。ウシオ電機株式会社／エイチ・ツー・オー リテイリング株式会社／王子マネジメントオフィス株式会社／サッポロホールディングス株式会社／株式会社ジーエス・ユアサコーポレーション／J・フロントリテイリング株式会社／株式会社商船三井／昭和電線ホールディングス株式会社／全日本空輸株式会社／セイコーエプソン株式会社／ソフトバンク株式会社／第一生命保険株式会社／テイ・エステック株式会社／東京エレクトロン株式会社／豊田通商株式会社／日本郵船株式会社／パーソルホールディングス株式会社／株式会社ミスミグループ本社／

三菱ケミカル株式会社／ヤマハ発動機株式会社／株式会社ユナイテッドアローズ
※企業名は２０２１年3月現在
［調査方法］　ヒアリング調査。調査対象一覧に社名開示するが、伺った内容と個社名を紐付けて掲載しないことを条件に協力いただく。
［調査時期］　２０２０年5月25日～10月６日
［実施主体］　株式会社パーソル総合研究所

②「非管理職層の異動配置に関する実態調査（２０２１）」
本書では「一般社員層の異動配置調査」と表記
［調査内容］　非管理職層の異動配置の考え方と取り組み実態、今後の方針を明らかにする。
［調査対象］　大手企業31社（五十音順）の人事責任者または人事企画責任者。株式会社アマダ／株式会社インフォメーション・ディベロプメント／H．U．グループホールディングス株式会社／株式会社ATグループ／SBテクノロジー株式会社／エヌ・ティ・ティ・コミュニケーションズ株式会社／大塚製薬株式会社／岡三証券株式会社／オリエンタルモーター株式会社／鹿島建設株式会社／キヤノンITソリューションズ株式会社／グローリー株式会社／サッポロビール株式会社／株式会社商船三井／J．フロント リテイリング株式会社・株式会社大丸松坂屋百貨店／住

友電装株式会社／双日株式会社／ソフトバンク株式会社／東京海上日動あんしん生命保険株式会社／日本たばこ産業株式会社／日本通運株式会社／日本郵船株式会社／パナソニック株式会社インダストリー社／パナソニック株式会社コネクティッドソリューションズ社／ポッカサッポロフード&ビバレッジ株式会社／株式会社ポーラ／本田技研工業株式会社／株式会社ミツトヨ／ヤマハ発動機株式会社／株式会社ユナイテッドアローズ／株式会社ラクス

※企業名は2022年3月現在

［調査方法］　ヒアリング調査。調査対象一覧に社名開示するが、伺った内容と個社名を紐付けて掲載しないことを条件に協力いただく。

［調査時期］　2021年6月3日〜8月19日

［実施主体］　株式会社パーソル総合研究所

③「管理職の異動配置に関する実態調査（2022）」

本書では「管理職の異動配置調査」と表記

［調査内容］　管理職の異動配置の考え方と実態、今後の方針を明らかにする。

［調査対象］　大手企業34社（五十音順）の人事責任者または人事異動責任者。株式会社アマダ／アルフレッサ株式会社／株式会社イトーヨーカ堂／稲畑産業株式会社／株式会社インフォメーショ

ン・ディベロプメント／エイチ・ツー・オー リテイリング株式会社／エヌ・ティ・ティ・コミュニケーションズ株式会社／王子マネジメントオフィス株式会社／大塚製薬株式会社／岡三証券株式会社／オリエンタルモーター株式会社／株式会社オンワードホールディングス／株式会社学研ホールディングス／グローリー株式会社／双日株式会社／サッポロビール株式会社／ＪＳＲ株式会社／株式会社商船三井／ソフトバンク株式会社／東急株式会社／東京エレクトロン株式会社／株式会社東京スター銀行／大和ハウス工業株式会社／株式会社デンソー／日本新薬株式会社／日本郵船株式会社／パナソニック株式会社エレクトリックワークス社／ファナック株式会社／ブラザー工業株式会社／三菱重工業株式会社／株式会社ポーラ／本田技研工業株式会社／森永製菓株式会社／ヤマハ発動機株式会社

※企業名は２０２２年12月現在

〔調査方法〕　ヒアリング調査。調査対象一覧に社名開示するが、伺った内容と個社名を紐付けて掲載しないことを条件に協力いただく。

〔調査時期〕　２０２２年5月10日～7月20日

〔実施主体〕　株式会社パーソル総合研究所

ラクレとは…la clef=フランス語で「鍵」の意味です。
情報が氾濫するいま、時代を読み解き指針を示す
「知識の鍵」を提供します。

中公新書ラクレ
788

人事《じんじ》ガチャの秘密《ひみつ》

配属《はいぞく》・異動《いどう》・昇進《しょうしん》のからくり

2023年 2 月10日発行

著者……藤井《ふじい》 薫《かおる》

発行者……安部順一
発行所……中央公論新社
〒100-8152 東京都千代田区大手町 1-7-1
電話……販売 03-5299-1730　編集 03-5299-1870
URL https://www.chuko.co.jp/

本文印刷……三晃印刷
カバー印刷……大熊整美堂
製本……小泉製本

Printed in Japan　ISBN978-4-12-150788-4　C1234